学生运动能力国家标准
解读丛书

《篮球课程学生运动能力测评规范》
解读

于素梅　杨逸晨　乔石磊　等　编著

教育科学出版社
·北京·

主　　编　于素梅　杨逸晨　乔石磊
副 主 编　司亚莉　张凡涛　时震宇　沙临博
参　　编　陈　萍　官　桐　刘红跃　朱万根　王梦雅　韩鹏宇　白　宇　孙明泽
　　　　　刘博文　范书清　李振华　沈国友　陆卓莉　王柯心　黄广懿

出 版 人　郑豪杰
项目统筹　梁祎明
责任编辑　颜　晴
版式设计　思瑞博　孙欢欢　李　顺
责任校对　贾静芳
责任印制　叶小峰

图书在版编目（CIP）数据

《篮球课程学生运动能力测评规范》解读 / 于素梅等编著 . -- 北京：教育科学出版社，2025.3. --（学生运动能力国家标准解读丛书）. -- ISBN 978-7-5191-4287-2

Ⅰ . G841-65

中国国家版本馆 CIP 数据核字第 2025X23Y15 号

《篮球课程学生运动能力测评规范》解读
《LANQIU KECHENG XUESHENG YUNDONG NENGLI CEPING GUIFAN》JIEDU

出 版 发 行	教育科学出版社		
社　　　址	北京·朝阳区安慧北里安园甲9号	邮　　编	100101
总编室电话	010-64981290	编辑部电话	010-64981265
出版部电话	010-64989487	市场部电话	010-64989035
传　　真	010-64891796	网　　址	http://www.esph.com.cn
经　　销	各地新华书店		
制　　作	北京思瑞博企业策划有限公司		
印　　刷	河北巴彩丰包装制品有限公司		
开　　本	787毫米×1092毫米　1/16	版　　次	2025年3月第1版
印　　张	6.5	印　　次	2025年3月第1次印刷
字　　数	92千	定　　价	52.00元

图书出现印装质量问题，本社负责调换。

前 言

随着教育强国、体育强国建设的不断推进，体育课程改革日益深化，体育育人目标也聚焦在以运动能力、健康行为和体育品德为表现的核心素养的培育上。建立标准，不仅能够及时测评学生运动能力，了解学生运动能力水平，衡量体育核心素养培育成效，也是落实中共中央办公厅、国务院办公厅《关于全面加强和改进新时代学校体育工作的意见》，国家体育总局、教育部《关于深化体教融合 促进青少年健康发展的意见》等的重要保障，并能为体育学业质量评价、体育教育质量监测、学生运动水平认证等提供直接依据。

为更好地贯彻落实《义务教育体育与健康课程标准（2022年版）》和国家相关政策要求，依据新课标提出的"运动能力主要体现在基本运动技能、体能、专项运动技能的掌握与运用"和《〈体育与健康〉教学改革指导纲要（试行）》提出的"专项运动能力评价可依据专项运动技能学习结构化内容确定评价内容，特别要注重对学生运用知识的能力以及比赛能力的评价"，研制了《篮球课程学生运动能力测评规范》国家标准（以下简称"篮球标准"），以期为更规范、科学、系统地评价学生篮球运动能力提供可靠依据和可操作的方法，为促进学生体育核心素养的培育发挥支撑作用。

"篮球标准"于2024年5月28日，由国家市场监督管理总局、国家标准化管理委员会批准发布。为进一步促进该标准的推广和应用，更好地服务于体育教学改革、体育教育质量监测等教育教学与评价工作，标准研制团队又编写了《〈篮球课程学生运动能力测评规范〉解读》。本书深度解析标准研制依据，精准把握标准测评内容，生动展示标准测评方法，提供权威标准测评工具，可作为"篮球标准"培训权威指导用书。

于素梅

中国教育科学研究院体育美育教育研究所

目 录

第一章　《篮球课程学生运动能力测评规范》概述　1

一、基本内容　1

二、使用建议　3

三、实施保障　9

第二章　篮球课程学生运动能力一级测评　11

一、一级达标要求　11

二、一级测评方法　14

三、一级测评工具　22

四、一级测评操作视频　24

第三章　篮球课程学生运动能力二级测评　25

一、二级达标要求　25

二、二级测评方法　28

三、二级测评工具　35

四、二级测评操作视频　38

第四章　篮球课程学生运动能力三级测评　39

　　一、三级达标要求　39

　　二、三级测评方法　42

　　三、三级测评工具　50

　　四、三级测评操作视频　53

第五章　篮球课程学生运动能力四级测评　54

　　一、四级达标要求　54

　　二、四级测评方法　57

　　三、四级测评工具　64

　　四、四级测评操作视频　67

第六章　篮球课程学生运动能力五级测评　68

　　一、五级达标要求　68

　　二、五级测评方法　72

　　三、五级测评工具　80

　　四、五级测评操作视频　83

第七章　篮球课程学生运动能力六级测评　84

　　一、六级达标要求　84

　　二、六级测评方法　88

　　三、六级测评工具　95

　　四、六级测评操作视频　98

第一章

《篮球课程学生运动能力测评规范》概述

一、基本内容

（一）结构与主要内容

"篮球标准"从范围、规范性引用文件、术语和定义、等级划分与达标要求以及运动能力测评5个部分进行了描述。（见表1-1）

表1-1 《篮球课程学生运动能力测评规范》结构与主要内容

基本框架	规定内容	具体内容
范围	规定本标准的适用范围	适用于小学、初中、高中、大学各学段学生篮球运动能力的测评
规范性引用文件	标注本文件引用的规范性文件	GB/T 22868 篮球
术语和定义	界定标准主要涉及的术语和定义	6条术语及其基本概念，包括篮球课程学生运动能力、运球、移动、持球突破、传接球、投篮
等级划分与达标要求	明确测评等级划分和各等级达标要求	1. 等级划分：6个等级（一级到六级）；2. 各等级达标要求：测评内容、观测点、合格要求、达标要求
运动能力测评	规定各等级测评方法	各等级测评场地器材、测评员工作、测试步骤

（二）术语和定义

3.1
篮球课程学生运动能力 student's athletic ability of basketball course
学生在篮球课程学练赛活动中形成的，在比赛中应用运球、传接球、投篮等技能完成特定任务的综合表现。

3.2
运球 dribbling
持球队员用单手连续拍按或双手交替拍按由地面反弹球的动作技术。

3.3
移动 moving
篮球运动中为了改变位置、方向、速度和争取高度、空间所采用的各种脚步动作。

3.4
持球突破 breakthrough
持球队员运用脚步动作和运球技术组合，快速超越对手的进攻技术。

3.5
传接球 passing and catching
篮球比赛中进攻队员之间有目的地支配球、转移球的方法。

3.6
投篮 shooting
进攻队员将球投入对方球篮而采用的各种专门动作。

解 读

"篮球标准"对这些术语做出了准确的界定，旨在更好地描述和评估学生在篮球课程学、练、赛活动中形成的运动能力。这些术语与各测评等级的单个技能、组合技能、比赛紧密相关，可以帮助解释理论知识在实际情境中的应用是怎样呈现的，将抽象的概念具体化，便于读者理解。

（三）等级划分与测评内容

篮球课程学生运动能力按照难度进阶，划分为6个等级。一级和二级是夯实基础期，三级和四级是提高能力期，五级和六级是发展特长期，一级到六级的运动能力逐级提高。"篮球标准"按照一级到六级能力进阶的考查要求设计各等级对应的测评内容。（见表1-2）

第 一 章
《篮球课程学生运动能力测评规范》概述

表 1-2　篮球课程学生运动能力测评内容与能力要求

等级	测评内容	能力要求
一级	• 定点投篮 • 运球—投篮 • 3vs3 篮球赛	受测者达到一级应具有的在比赛中运球向前移动、完成原地投篮的完整技术动作的能力
二级	• 中距离接球投篮 • 运球—传接球—行进间投篮 • 3vs3 篮球赛	受测者达到二级应具有的在比赛中根据需要改变运球移动方向，进行原地、行进间投篮的完整技术动作，能够将球传至队友附近的能力
三级	• 中距离自投自抢 • 运球—传接球—持球突破—行进间投篮 • 5vs5 篮球赛	受测者达到三级应具有的能力：在比赛中运用换手、胯下、转身、背后等多种变向运球技术，并根据需要改变运球移动方向；在运球过程中急停，并选择空间进行投篮的完整技术动作；结合脚步进行传球、加速摆脱对手
四级	• 直线移动接球投篮 • 运球—传接球—持球突破—行进间投篮 • 5vs5 篮球赛	受测者达到四级应具有的能力：能做出在比赛中保护球、在无球移动的过程中急停、选择空间进行投篮的完整技术动作；能结合运球、移动等技术传球，变向摆脱对手，做出规范的三威胁姿势动作
五级	• 弧线移动接球投篮 • 运球—传接球—持球突破—突破分球—投篮 • 5vs5 篮球赛	受测者达到五级应具有的在保护球的同时观察队友、利用投篮技术为自己或队友创造空间、在基础技术配合中传球、借助队友身体摆脱对手、结合脚步运用三威胁姿势动作创造进攻优势、争抢有利位置、形成对球的控制的能力
六级	• 1 min 自投自抢 • 运球—传球—空切—掩护—接球突破—行进间投篮 • 5vs5 篮球赛	受测者达到六级应具有的在突破对手后寻找最佳进攻位置的队友并传球至队友，通过脚步获得位置优势，利用队友身体获得空间，利用空间获得球与处理球，能够补防、换防、协防、关门、夹击防守对手的能力

二、使用建议

"篮球标准"适用于小学、初中、高中、大学各学段学生篮球运动能力的测评。该标准充分考虑体育教学、体育学业质量评价、体育教育质量监测等工作的使用需要，结合不同地区、不同学段的学校体育开展实际，综合考量标准在全国的推行和实施难度，确保标准具备广泛的适用性。

（一）可应用于体育教学

"篮球标准"可应用于体育教学，从教学组织、教学设计、教学方法等方面入手，为学生提供更加科学化、个性化的教学服务，提高篮球课程的教学质量和效果，促进学生全面发展和健康成长。

《篮球课程学生运动能力测评规范》解读

1 教学组织

（1）选项走班

选项走班是一种灵活的教学组织形式，允许学生根据自己的兴趣、能力和需求选择适合自己的专项运动班级进行学习。在篮球课程中，教师可以结合"篮球标准"，设置不同教学难度的班级，以满足学生的个性化需求。教师可以根据标准中每个等级对应的篮球课程进行授课。学生可以根据标准对标自己的篮球运动能力等级，选择对应的班级上课，这样可以确保学生在适合自己的教学环境中学习篮球，从而提高学习效果。

（2）分层教学

分层教学是根据学生的实际情况，如技能水平和学习能力等，将学生分为不同的层次进行教学。在篮球课程中，教师可以结合"篮球标准"，将学生进行合理分层，如分为初级、中级和高级等不同层次。初级，学生可以从零基础开始，通过学习达到一级和二级水平；中级需要学生已经具备二级水平，可以开始学习三级对应的难度内容，直至达到四级水平；高级需要学生已经达到四级水平，通过学习可以向五级、六级水平发展。针对不同层次的学生，教师可以设置不同的教学目标、教学内容和教学方法。

2 教学设计

在教学中，结合"篮球标准"的教学理念，以促进学生全面发展为目标，以激发学生兴趣为引导，通过科学、系统的教学设计，提升学生的篮球运动能力，促进学生身心健康发展。篮球课程教学设计主要包括模块教学设计、单元教学设计和课时教学设计三部分。

（1）篮球模块教学设计

篮球课程学生运动能力按难度逐级进阶设定了6个等级。与这6个等级相对应，将篮球项目教学内容分为6个模块：模块一和模块二为夯实基础期，对应运动能力的一级和二级；模块三和模块四为提高能力期，对应运动能力的三级和四级；模块五和模块六为发展特长期,对应运动能力的五级和六级。6个模块内容纵向衔接,层层递进。

在进行篮球项目模块教学设计时,教师还应考虑以下关键点:首先,根据学生的实际情况,挑选适合他们的模块进行教学;其次,重视阶段性评估,以便及时对教学方案进行反馈和调整;最后,确保篮球教学内容的全面性,根据学生的学习进度,合理安排每个模块的知识学习、技能练习、体能练习等。

(2)篮球单元教学设计

篮球单元教学设计遵循每个模块的教学框架,将模块内容划分为几个相互关联的大单元,并进一步将这些内容分配到每次课程的教学计划中。依据《义务教育体育与健康课程标准(2022年版)》中的"健康第一"和"教会、勤练、常赛"的课程理念,每个单元均设置学习内容、练习内容和比赛内容,确保各个单元的学习、练习和比赛内容能够有机地结合在一起。

在进行篮球单元教学设计时,教师需重点考虑以下方面:首先,依据教学对象和单元学习内容,合理安排总课时数,考虑到不同教学阶段和学生学习能力的差异,课时数量应做出适当调整;其次,确保每个课时的教学目标能够具体反映单元目标,且各课时目标之间应呈现逐步递进的关系;最后,应挑选恰当的教学组织形式和教学方法。

(3)篮球课时教学设计

篮球课时教学设计是在单元教学设计的基础上,结合学校的具体场地设施、器材资源以及班级学生的实际情况,对篮球教学中的各个要素进行详细规划和设计,其目的是构建一个融学习、练习、竞赛和评价于一体的篮球课程教学体系,从而形成一个完整的课堂教学实施方案。

在进行篮球课时教学设计时,需要特别关注以下几个关键要素:首先,应设定具体、可衡量的教学目标,并灵活运用多种教学手段和方法,以情境式深度教学的方式,激发学生的学习兴趣和参与热情。其次,应合理安排学生的运动负荷和练习密度,确保学生在安全的前提下,能够充分参与篮球学练,从而达到最佳的学练效果。最后，应注重课堂过程性评价，通过观察、记录和反馈，及时了解学生的学习进展和存在的问题，从而调整教学策略，帮助学生在篮球学练中不断进步和成长。

❸ 教学方法

教学中采用多样化的、适宜的教学方法可以帮助学生更好地发挥自己的优势，弥补自己的不足，提高学习效果。在篮球课程中，教师可以根据学生的身体状况、心理特征、兴趣爱好等方面的差异，采用不同的教学方法和手段进行教学。例如，对于身体素质较差的学生，教师可以采用渐进式的教学方法，逐步提高学生的身体素质；对于心理素质较差的学生，教师可以采用鼓励式的教学方法，帮助学生建立自信、提升勇气；对于兴趣浓厚的学生，教师可以采用拓展式的教学方法，引导学生深入学习和探索篮球的乐趣。基于学生的运动能力差异，篮球课程教学可以更有针对性地安排教学内容和练习方法，更加适宜每个学生的发展需求。

（二）可应用于体育中考

对于将篮球列为体育中考项目的地区，"篮球标准"可以优化考试方案，提升该项目体育中考的公平性，丰富体育中考的选择性。"篮球标准"不仅能够更好地评估学生的篮球运动能力，还能够促进篮球课程的普及和发展。

❶ 优化考试方案

将"篮球标准"作为参考依据，可以对体育中考考试方案进行优化。通过调整考试内容，确保其更准确地评估学生的篮球技能掌握情况和运动能力形成情况。

❷ 提升公平性

"篮球标准"的引入，有助于消除地域、学校之间的差异，确保所有学生在相同的标准下接受评价。这不仅能够增强考试的公正性和公平性，还能够促进各地、各学校之间篮球教学的交流与合作，还能够比较不同区域间学生篮球运动能力的差异。

第 一 章
《篮球课程学生运动能力测评规范》概述

❸ 丰富选择性

将篮球测评纳入体育中考，可以为学生提供更多的选择机会。学生可以根据自己的兴趣和特长选择是否参加篮球考试，有助于促进学生的个性化和多元化发展。

（三）可应用于质量监测

"篮球标准"可应用于质量监测，为监测学生体能提供明确的指标，还能在此基础上增加对专项运动能力的监测，有助于提升教育质量，促进区域比较，并为教育决策提供可靠依据。

❶ 使体育教育质量监测更科学

通过这一标准，教师可以更加准确地评估学生的篮球运动能力，从而制订更有针对性的教学计划。同时，学生也能根据自己的实际情况，选择适合自己的学习内容和进度，提高学习效果。

❷ 全面评价学生篮球运动能力

在过去，体育教育往往只关注学生的体能水平，而忽视了专项运动能力。通过增加对专项运动能力的监测，我们可以更加全面地了解学生的篮球运动能力，从而更好地指导学生的学习和锻炼，促进学生篮球运动能力的提高。

❸ 促进区域比较

标准是全国统一的，不同地区、不同学校的学生都可以按照相同的标准进行测评。我们可以更加客观地比较不同地区、不同学校之间的篮球教育水平，有针对性地提出可行的解决方案。例如，统计各地区学习篮球的学生有多少达到了二级水平，各地区学习篮球并达到二级水平的学生占全体学生的比例等。通过达到不同等级的比例数据，就能够比较区域体育教育质量的差异。

❹ 为教育决策提供可靠依据

通过对学生篮球运动能力的科学评价，教师可以了解学生在篮球学习中的优势与不足，进而调整教学计划和策略，提高教育质量。同时，这一结果也可以作为教育评估的重要指标之一，为教育政策的制定和调整提供有力支持。

（四）可应用于督导评估

"篮球标准"的制定和实施，不仅能准确评估学生的篮球运动能力，还能有效反映学校体育发展的整体水平，对于督导评估学校体育发展水平以及推动篮球教育的质量提升具有重要意义。在学校体育督导评估指标体系中，可以将学生运动能力应达到的等级作为其中一项重要指标，使督导评估工作更加客观、精准，也更能反映学校体育发展水平。

❶ 课程建设

通过篮球课程学生运动能力测评，可以检验篮球课程的教学内容、教学方法是否科学合理，能否满足学生的实际需求，进而推动篮球课程建设的不断完善和优化。

❷ 师资强化

篮球课程学生运动能力测评的结果可以反映教师的教学水平和专业能力。通过对测试结果的分析，可以发现教师在教学中的优势和不足，进而有针对性地开展培训，提升教师专业能力。

❸ 学生参与

篮球课程学生运动能力测评可以激发学生参与篮球运动的兴趣。通过参与测试，学生可以了解自己的篮球运动能力，明确学习目标和方向。同时，测试结果也可以作为选拔优秀学生参加更高级别比赛或活动的重要依据。

❹ 条件改善

篮球课程学生运动能力测评对场地、器材等设施条件提出了一定的要求，这有助于推动学校加大对体育设施建设的投入力度，改善体育教学条件，为学生提供更好的体育锻炼环境。

三、实施保障

（一）规范测评方法

学生运动能力测评是一个复杂的过程，只有测评方法合理，测评结果的准确度才会有保障。第一，测评需要有专业的场地、器材，场地、器材既要符合测评相应等级的要求，也要与学生的年龄特点和发展实际相一致。第二，测评需要有专业的测评员，测评员不仅要懂得篮球各等级测评内容、达标要求、测评步骤等，还要具有公平、公正的测评专业素养，这是测评工作能够合理、有序开展的重要保障。第三，测评手段要多元化，从人工到智能的方式逐渐过渡，最终采用智能的方式测评学生的运动能力发展水平。在初期智能测评工具开发尚不完善的时候，可以通过人工测评的方式实施测评工作。随着智能测评工具的不断开发和完善，智能测评应逐渐渗透其中。智能测评不仅能在一定程度上减轻人工测评的负担、降低组织测评工作的复杂性，而且能提升测评的客观性和精准度，并通过大数据对测评结果做及时反馈，同时大大提高运动能力标准的普及程度和应用范围。

（二）加强培训

为了确保"篮球标准"在全国范围内有效推广和应用，提升篮球课程教学质量和测评教师的专业素养，需要加强测评教师的培训工作。在培训目标方面，要让教师深入理解"篮球标准"的核心理念和测评要求，掌握篮球课程学生运动能力测评的具体方法和技巧，提升测评教师的专业素养和教学能力，确保测评工作的准确性和公正性。在培训内容方面，可以采用理论与实践相结合的形式，将标准培训与教学改革相结合，让教师了解"篮球标准"建设的要求，加强测评工作的规范性，交流学习如何通过教学让学生达到相应的运动能力等级。在培训形式方面，可以采用线上线下相结合的方式。线上培训可依靠数智赋能，提供线上视频教程、在线答疑等服务，方便教师随时随地进行学习；线下培训可组织集中培训，邀请专家授课和现场指导，确保教师能够全面掌握测评技能和教学方法。总之，通过"篮球标准"的培训，能够提升测评教师的专业素养和教学能力，为"篮球标准"的推广和应用奠定坚实基础。

（三）开展试点

试点工作开展前，项目组核心成员需要制定规范的测评员培训和考核办法，在测评员了解"篮球标准"的测评流程和评定办法的前提下开展测评工作。试点工作的实施，第一是确立试点区和试点校。可以在前期已经确立的试点区和试点校中开展试点工作，也可以在后续征集试点区和试点校的活动中扩大试点范围，其目的是能够让更多的区域和学校会用标准、用好标准，使标准更好地服务于学生的全面发展，促进学校体育高质量发展。第二是研制试点工作方案，包括教学改革试点工作方案、质量监测试点工作方案、体育中考试点工作方案、督导评估试点工作方案等，有组织地开展试点工作才能更有成效，并通过方案实施获取有益经验。第三是组织开展试点工作实践，不同的试点区和试点校可以结合区域和学校实际情况选择一种或多种试点方案，组织开展试点工作，在试点工作实践中不断优化试点工作。第四是组织开展试点经验展示交流活动，让有经验的试点区和试点校作为示范典型在全国范围内宣传和推广，让其他地区和学校学习借鉴，使标准发挥更大的作用。

第二章

篮球课程学生运动能力一级测评

一、一级达标要求

4.2.1 一级达标要求

4.2.1.1 一级技能应符合表1的要求。

表 1 一级技能要求

测评内容	测评内容	合格要求
单个技能	定点投篮	男≥6 分
		女≥5 分
组合技能	按顺序完成:运球—投篮	男≤50 s
		女≤60 s

4.2.1.2 一级比赛应符合表2的要求。

表 2 一级比赛要求

测评内容	观测点[b]		合格要求[c]
3vs3 篮球赛[a]	技术	运球	能在比赛中运球向前移动
		投篮	能选择空间,完成原地投篮的完整技术动作
	战术	盯人防守	能紧跟盯防的对手
	体能	灵敏、柔韧	能持续跑动以参与比赛,反应灵敏、动作轻快
	心智	争抢球	能积极参与争抢失去控制的球
		与同伴呼应	能在死球时呼应同伴

[a] 小学比赛参考《小篮球规则(2023)》,初中及以上比赛参考《篮球规则(2022)》。
[b] 获胜方的受测者自动累计1个观测点,达到4个及以上观测点合格为合格。
[c] 3名测评员均判定合格为合格。

4.2.1.3 一级应符合表1和表2的要求。

《篮球课程学生运动能力测评规范》解读

解 读

（一）单个技能——定点投篮

建议采用单手肩上投篮。投篮时两脚前脚掌用力蹬地，展腹，抬肘，手臂上伸，即将伸直时，手腕用力前屈，手指拨球，球最后经中指和食指的指端投出；球出手后，腿、腰、臂自然伸直。（见图2-1）

图2-1 定点投篮

（二）组合技能——运球—投篮

篮球一级组合技能要求受测者按顺序完成运球、投篮。

❶ 运球

运球技术是持球队员在原地或移动中用单手持续按拍球推进的一种技术动作。它不但是个人摆脱防守，创造传球、突破、投篮得分的重要进攻手段，而且是进攻队员发动快攻、组织全队战术配合的纽带。应注意移动过程中运球与脚步的协调配合，绕过标志桶时应注意上下肢协调、舒展。（见图2-2）

❷ 投篮

建议采用行进间单手肩上投篮。应注意跑动中运球与上篮的协调配合，以及投篮时手腕的发力及对球的控制。（见图2-3）

图 2-2　运球

图 2-3　投篮

（三）3vs3 篮球赛

一级比赛观测点详见表 2-1。

表 2-1　一级比赛观测点

观测点	合格要求	解释说明
运球	能在比赛中运球向前移动	运球与移动能做到协调配合，遇到防守不过早停球
投篮	能选择空间，完成原地投篮的完整技术动作	上下肢用力协调，蹬地展腹较快，能够在防守到位之前完成技术动作
盯人防守	能紧跟盯防的对手	能够在大部分时间内找到盯防的对手
灵敏、柔韧	能持续跑动以参与比赛，反应灵敏、动作轻快	能够在移动中灵活地加速、制动或改变方向；能够轻松地完成弯腰捡球、转身等动作
争抢球	能积极参与争抢失去控制的球	能积极参与对失去控制的球的争抢
与同伴呼应	能在死球时呼应同伴	死球时能够寻求帮助，通过语言、肢体动作等呼应同伴

《篮球课程学生运动能力测评规范》解读

二、一级测评方法

（一）单个技能——定点投篮

5.1.1 单个技能——定点投篮

5.1.1.1 场地器材

小学学段测评场地、器材应按如下要求：
a) 场地：尺寸 15 m（边线）×12 m（端线），三秒区 4 m（长）×3 m（宽），中心圆半径 1.8 m；
b) 器材：5 号球 2 个按 GB/T 22868 的规定，篮筐上沿距离地面 2.75 m，篮板规格尺寸 1.20 m（长）×0.90 m（宽），电子秒表 1 个，口哨 1 个。

初中及以上学段测评场地、器材应按如下要求：
a) 场地：尺寸 14 m（边线）×15 m（端线），三秒区 5.8 m（长）×4.88 m（宽），中心圆半径 1.8 m；
b) 器材：女生用 6 号球 2 个按 GB/T 22868 的规定，男生用 7 号球 2 个按 GB/T 22868 的规定，篮筐上沿距离地面 3.05 m，篮板规格尺寸 1.80 m（长）×1.05 m（宽），电子秒表 1 个，口哨 1 个。

5.1.1.2 测评员工作

测评工作应由 2 名测评员完成，其测评工作包括但不限于：
a) 2 名测评员站立位置如图 1 所示；
b) 1 号测评员在发出指令的同时开始计时，并注意受测者是否按照要求测试，测试在 1 min 时间到结束；
c) 2 号测评员负责计分，受测者在投篮区①、③、⑤投中一球计 1 分，在投篮区②、④投中一球计 2 分；
d) 取 2 次中个人较好成绩。

5.1.1.3 测试步骤

受测者测试步骤如下：
a) 受测者应持球在投篮区 1 举手示意准备测试，如图 1 所示；
b) 听到指令应采用原地单手肩上投篮或原地双手胸前投篮，投篮后应自抢篮板球；
c) 每个投篮区应连续投篮 2 次，受测者应依次在①②③④⑤5 个投篮区进行 10 次投篮，测试应在 1 min 时间到结束。

每名受测者 2 次测试机会，第一次测试结束后应在 30 s 内开始第二次测试。

第 二 章
篮球课程学生运动能力一级测评

单位为米

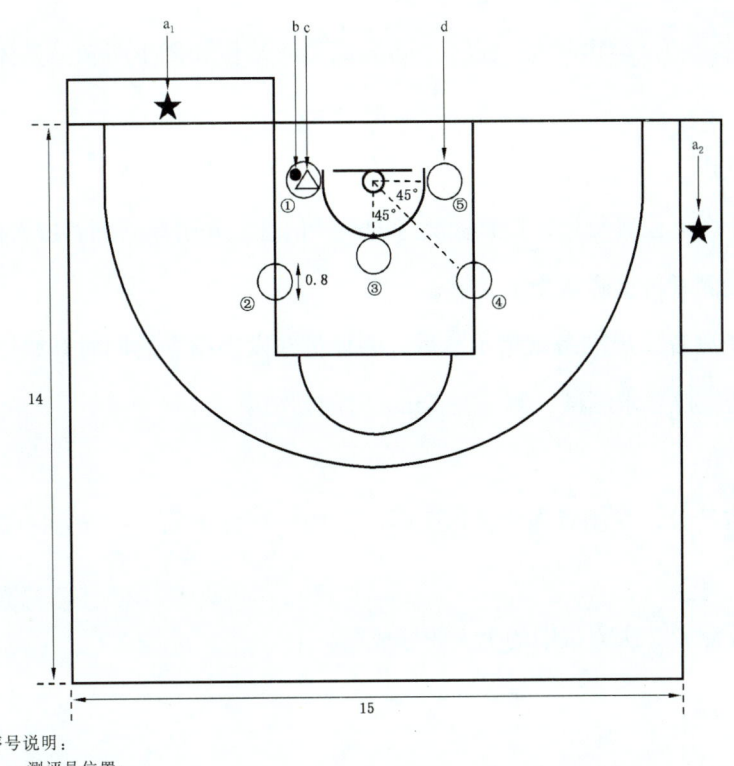

标引序号说明：
a₁、a₂——测评员位置；
b ——篮球；
c ——受测者位置；
d ——投篮区。

图 1 定点投篮测试示意图

解 读

1 场地器材

场地器材因受测者的学段不同而有所差异，如受实际条件局限，受测者在参加一级运动能力测评时，场地可以不进行明确区分，但需采用与受测者学段相适应的器材，比如初中及以上学段的受测者需使用 6 号球（女生）或 7 号球（男生），测评所需的篮球架需符合篮筐上沿距离地面 3.05 m，篮板规格尺寸 1.80 m（长）× 1.05 m（宽）等。

15

2 测评员工作

测评工作共由 2 名测评员完成，2 名测评员的站位如图 1 所示。具体任务分工如下。

1 号测评员：

（1）站于图示位置附近，检查受测者的测评信息，并引导受测者进入投篮区①；

（2）向受测者再次确认测试要求；

（3）当受测者发出准备就绪示意后，测评员在发出指令的同时开始计时，并注意受测者是否按照要求测试，测试在 1 min 时间到结束。

2 号测评员：

（1）负责计分，受测者在投篮区①③⑤投中一球计 1 分，在投篮区②④投中一球计 2 分；

（2）取受测者 2 次测试中的个人较好成绩。

3 测试步骤

受测者应在测试前明确"单个技能——定点投篮"测试的具体要求，并严格按照以下步骤完成测试。每名受测者 2 次测试机会。

具体测试步骤如下：

（1）受测者应持球在投篮区①举手示意准备测试，如图 1 所示；

（2）听到指令后应采取原地单手肩上投篮或原地双手胸前投篮，投篮后应自抢篮板球；

（3）每个投篮区应连续投篮 2 次，受测者应依次在 5 个投篮区进行 10 次投篮，测试应在 1 min 时间到结束；

（4）每名受测者 2 次测试机会，如第一次测试失败，应于 30 s 内开始第二次测试。

（二）组合技能——运球—投篮

5.1.2 组合技能——运球—投篮

5.1.2.1 场地器材

小学学段测评场地、器材应按如下要求：
a) 场地：尺寸15 m（边线）×12 m（端线），三秒区4 m（长）×3 m（宽），中心圆半径1.8 m；
b) 器材：5号球2个按GB/T 22868的规定，篮筐上沿距离地面2.75 m，篮板规格尺寸1.20 m（长）×0.90 m（宽），电子秒表1个，口哨1个，标志桶10个。

初中及以上学段测评场地、器材应按如下要求：
a) 场地：尺寸14 m（边线）×15 m（端线），三秒区5.8 m（长）×4.88 m（宽），中心圆半径1.8 m；
b) 器材：女生用6号球2个按GB/T 22868的规定，男生用7号球2个按GB/T 22868的规定，篮筐上沿距离地面3.05 m，篮板规格尺寸1.80 m（长）×1.05 m（宽），电子秒表1个，口哨1个，标志桶10个。

5.1.2.2 测评员工作

测评工作应由2名测评员完成，其测评工作包括但不限于：
a) 2名测评员站立位置如图2所示；
b) 1号测评员在发出指令的同时开始计时，在受测者最后运球超越底线时停止计时；
c) 2号测评员记录受测者未按测试要求的动作行为和违例行为（带球走、两次运球、出界等）；
d) 出现1次未按测试要求的动作行为总测试时间累计增加1 s，出现1次违例行为总测试时间累计增加3 s，出现2次及以上违例行为或不按照规定路线进行则测试不合格；
e) 取2次中个人较好成绩。

5.1.2.3 测试步骤

受测者测试步骤如下：
a) 受测者应持球位于出发区，举手示意准备测试，如图2所示；
b) 听到指令开始测试，应运球绕过每组标志桶的远端，换手运球穿过标志桶并进行投篮；
c) 投篮命中（或补篮命中）后应自抢篮板球，按照上述动作要求运球完成全部5组标志桶并投篮命中，自抢篮板球运球超越底线，测试结束。

每名受测者2次测试机会，第一次测试结束后应在30 s内开始第二次测试。

《篮球课程学生运动能力测评规范》解读

单位为米

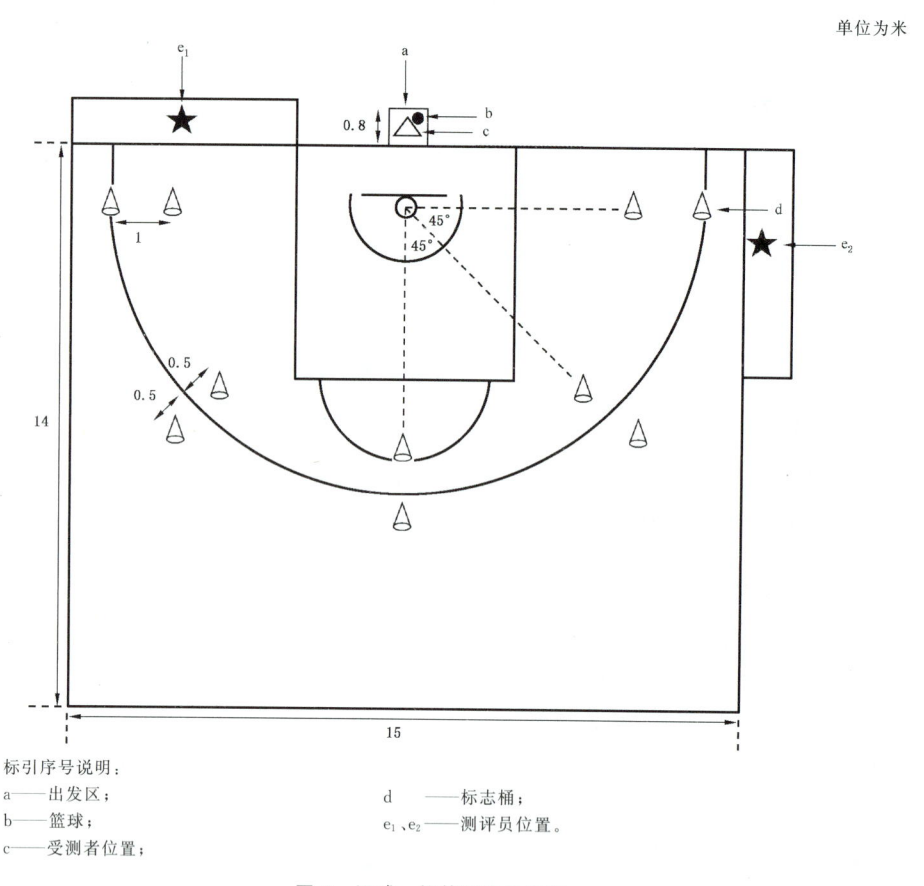

标引序号说明：
a——出发区；
b——篮球；
c——受测者位置；
d——标志桶；
e_1、e_2——测评员位置。

图2 运球—投篮测试示意图

解读

1 场地器材

场地器材因受测者的学段不同而有所差异，如受实际条件局限，受测者在参加一级运动能力测评时，场地可以不进行明确区分，但需采用与受测者学段相适应的器材，比如初中及以上学段的受测者需使用6号球（女生）或7号球（男生），测评所需的篮球架需符合篮筐上沿距离地面3.05 m，篮板规格尺寸1.80 m（长）×1.05 m（宽）等。

第 二 章
篮球课程学生运动能力一级测评

❷ 测评员工作

测评工作由 2 名测评员完成，2 名测评员的站位如图 2 所示。具体任务分工如下。

1 号测评员：

（1）站于图示位置附近，检查受测者的测评信息，并引导受测者进入出发区；

（2）向受测者再次确认测试要求；

（3）当受测者发出准备就绪示意后，测评员在发出指令的同时开始计时，在受测者最后运球超越底线时停止计时。

2 号测评员：

（1）负责记录受测者未按测试要求的动作行为和违例行为（带球走、两次运球、出界等）；

（2）出现 1 次未按测试要求的动作行为总测试时间累计增加 1 s，出现 1 次违例行为总测试时间累计增加 3 s，出现 2 次及以上违例行为或不按照规定路线进行则测试不合格；

（3）取受测者 2 次测试中的个人较好成绩。

❸ 测试步骤

受测者应在测试前明确"组合技能——运球—投篮"测试的具体要求，并严格按照以下步骤完成测试。每名受测者 2 次测试机会。

具体测试步骤如下：

（1）受测者应持球位于出发区，举手示意准备测试，如图 2 所示；

（2）听到指令开始测试，应运球绕过每组标志桶的远端，换手运球穿过标志桶并进行投篮；

（3）投篮命中（或补篮命中）后应自抢篮板球，按照上述动作要求运球完成全部 5 组标志桶并投篮命中，自抢篮板球运球超越底线，测试结束；

（4）每名受测者 2 次测试机会，如第一次测试失败，应于 30 s 内开始第二次测试。

（三）3vs3 篮球赛

5.1.3　3vs3 篮球赛

5.1.3.1　场地器材

小学学段测评场地、器材应按如下要求：
a) 场地：尺寸 15 m（边线）×12 m（端线），三秒区 4 m（长）×3 m（宽），中心圆半径 1.8 m；
b) 器材：5 号球 1 个按 GB/T 22868 的规定，篮筐上沿距离地面 2.75 m，篮板规格尺寸 1.20 m（长）×0.90 m（宽），电子秒表 1 个，口哨 3 个，分队服（带号码）两色各 3 套。

初中及以上学段测评场地、器材应按如下要求：
a) 场地：尺寸 14 m（边线）×15 m（端线），三秒区 5.8 m（长）×4.88 m（宽），中心圆半径 1.8 m；
b) 器材：女生用 6 号球 1 个按 GB/T 22868 的规定，男生用 7 号球 1 个按 GB/T 22868 的规定，篮筐上沿距离地面 3.05 m，篮板规格尺寸 1.80 m（长）×1.05 m（宽），电子秒表 1 个，口哨 3 个，分队服（带号码）两色各 3 套。

5.1.3.2　测评员工作

测评工作应由 3 名测评员完成，其测评工作包括但不限于：
a) 3 名测评员位于一侧边线处，按照 3vs3 篮球赛合格要求对受测者进行测评；
b) 赛前，测评员按照性别将受测者区分后通过抽签组队，每队 3 人。

5.1.3.3　测试步骤

受测者测试步骤如下：
a) 受测者 3 人一组，进行 3vs3 比赛，2 名裁判员参考《篮球规则（2022）》或《小篮球规则（2023）》进行执裁；
b) 在符合规定的测评场地内，按照篮球规则进行比赛，两队以掷硬币的方式决定首个球权；
c) 比赛时长为净时间 5 min。

解读

1 场地器材

场地器材因受测者的学段不同而有所差异，如受实际条件局限，受测者在参加一级运动能力测评时，场地可以不进行明确区分，但需采用与受测者学段相适应的器材，比如初中及以上学段的受测者需使用 6 号球（女生）或 7 号球（男生），测评所需的篮球架需符合篮筐上沿距离地面 3.05 m，篮板规格尺寸 1.80 m（长）×1.05 m（宽）等。

❷ 测评员工作

测评工作共由 2 名裁判员和 3 名测评员完成，3 名测评员位于一侧边线处。具体任务分工如下。

裁判员：

参考《篮球规则（2022）》或《小篮球规则（2023）》对"3vs3 篮球赛"进行执裁。

1 号、2 号测评员：

（1）负责记录受测者比赛中观测点的合格情况；

（2）对受测者比赛中观测点的合格情况进行汇总。

3 号测评员：

（1）负责记录受测者比赛中观测点的合格情况；

（2）对受测者比赛中观测点的合格情况进行汇总；

（3）组织 3 名测评员决议受测者该项测评内容是否合格。

❸ 测试步骤

受测者应在测试前明确"3vs3 篮球赛"测试的具体要求，并严格按照以下步骤完成测试。

具体测试步骤如下：

（1）受测者 3 人一组，进行 3vs3 比赛；

（2）在符合规定的测评场地内，按照篮球规则进行比赛，两队以掷硬币的方式决定首个球权；

（3）比赛时长为净时间 5 min。

❹ 比赛结果出现平局的建议

"3vs3 篮球赛"合格要求中规定"获胜方的受测者自动累计 1 个观测点"。如在计时结束出现平局，比赛两队的受测者均不累计增加观测点。

三、一级测评工具

（一）成绩记录表

❶ 单个技能——定点投篮

（1）2号测评员根据1号测评员的示意进行受测者投篮得分的统计，使用"一级单个技能成绩记录表"（见表2-2）进行记录；

（2）一张记录表可记录多名受测者的测试成绩，1分用"●"的方式标记，2分用由左上至右下的"\"的方式标记；

（3）受测者测试成绩达到合格要求为合格。

表2-2 一级单个技能成绩记录表

姓名	性别	得分														合格
×××	男	●	●	3	4	5	6	●	8	9	10	11	12	13	14	√
		1	2	3	4	5	6	7	8	9	10	11	12	13	14	
		1	2	3	4	5	6	7	8	9	10	11	12	13	14	

注：根据受测者表现进行成绩记录，并在相应表格里画"√"或"×"。

测评员： 记录时间： 年 月 日

❷ 组合技能——运球—投篮

（1）根据1号测评员的示意，2号测评员负责使用"一级组合技能成绩记录表"（见表2-3）进行受测者组合技能成绩的记录；

（2）一张记录表可记录多名受测者的测试成绩；

（3）受测者测试成绩达到合格要求为合格。

第二章 篮球课程学生运动能力一级测评

表 2-3 一级组合技能成绩记录表

姓名	性别	测试时间/s	未按测试要求的动作行为增加时间/s	违例增加时间/s					总测试时间（测试时间+增加时间）/s	两次及以上违例或未按规定路线进行	合格
			未换手运球	走步	两次运球	出界	携带球	脚踢球			
×××	男	43	+1		+3				47		√

注：根据受测者表现进行成绩记录，并在相应表格里画"√"或"×"。

测评员：　　　　　　　　　　　　　记录时间：　　年　　月　　日

❸ 3vs3 篮球赛

（1）3 名测评员分别使用"一级比赛成绩记录表"（见表 2-4）记录受测者比赛中观测点的合格情况；

（2）3 名测评员分别对受测者比赛中观测点的合格情况进行汇总；

（3）3 号测评员负责组织 3 名测评员决议受测者该项测评内容是否合格。

表 2-4 一级比赛成绩记录表

姓名	观测点		合格要求	合格情况	胜/负	观测点累计	合格情况
×××	技术	运球	能在比赛中运球向前移动	√	×	4	√
		投篮	能选择空间，完成原地投篮的完整技术动作	×			
	战术	盯人防守	能紧跟盯防的对手	√			
	体能	灵敏、柔韧	能持续跑动以参与比赛，反应灵敏、动作轻快	√			
	心智	争抢球	能积极参与争抢失去控制的球	×			
		与同伴呼应	能在死球时呼应同伴	√			

1. 小学比赛参考《小篮球规则（2023）》，初中及以上比赛参考《篮球规则（2022）》。
2. 获胜方的受测者自动累计 1 个观测点，达到 4 个及以上观测点合格为合格。
3. 3 名测评员均判定合格为合格。

注：根据受测者表现进行成绩记录，并在相应表格里画"√"或"×"。

测评员：　　　　　　　　　　　　　记录时间：　　年　　月　　日

23

（二）达标记录表

测评员应根据每名受测者各项测评内容的合格情况，对其达标情况做出评判。各项测评内容均合格为达标。一级测评达标记录表如表 2-5 所示。

表 2-5　一级测评达标记录表

姓名	各项测评内容合格情况			达标情况
	单个技能——定点投篮	组合技能——运球—投篮	3vs3 篮球赛	
×××	√	√	√	√

注：各项测评内容均合格即达标，在相应表格里画"√"或"×"。

测评员：　　　　　　　　　记录时间：　　年　　月　　日

四、一级测评操作视频

一级测评操作视频

第三章

篮球课程学生运动能力二级测评

一、二级达标要求

4.2.2　二级达标要求

4.2.2.1　二级技能应符合表 3 的要求。

表 3　二级技能要求

测评内容		合格要求
单个技能	中距离接球投篮	男≥6 分
		女≥5 分
组合技能	按顺序完成：运球—传接球—行进间投篮	男≤50 s
		女≤60 s

4.2.2.2　二级比赛应符合表 4 的要求。

表 4　二级比赛要求

测评内容	观测点[b]		合格要求[c]
3vs3 篮球赛[a]	技术	运球	能在比赛中根据需要改变运球移动方向
		投篮	能选择空间，进行原地、行进间投篮的完整技术动作
		传球	掌握双手胸前传接球，能将球传至队友附近（约一臂距离，队友上步可接到球）
	战术	进攻技战术	能在突破对手后寻找有空位的队友（突分）；传球后及时向篮筐移动（传切）
		防守	能运用合理的防守脚步紧跟盯防的对手
	体能	速度、灵敏	能持续跑动以参与比赛，反应敏捷，变向快速
	心智	争抢球	能积极参与争抢失去控制的球
		与同伴呼应	能在死球时呼应同伴
		鼓励队友	能通过语言、肢体动作肯定队友

[a] 小学比赛参考《小篮球规则(2023)》，初中及以上比赛参考《篮球规则(2022)》。
[b] 获胜方的受测者自动累计 1 个观测点，达到 5 个及以上观测点合格为合格。
[c] 3 名测评员均判定合格为合格。

4.2.2.3　二级应符合表 3 和表 4 的要求。

《篮球课程学生运动能力测评规范》解读

解读

（一）单个技能——中距离接球投篮

建议采用单手肩上投篮。提前降低身体重心，并做好接球的手势与急停脚步动作，接球后脚尖对准篮筐并充分用力蹬地，核心收紧，向上抬肘，手臂上伸，即将伸直时，压腕拨指，对准篮筐，使篮球最后经中指与食指的指端投出。

（二）组合技能——运球—传接球—行进间投篮

篮球二级组合技能要求受测者按顺序完成运球、传接球、行进间投篮。

❶ 传接球

传接球是指在篮球比赛中进攻队员之间有目的地支配球、转移球的方法。传球时双手持于球的两侧，两肘自然弯曲，身体呈基本站立姿态，后脚蹬地发力，身体重心前移，两臂前伸，两手腕随之内旋，拇指用力下压，食指、中指拨球传出。接球时，两眼注视来球，两臂主动迎球伸出，双手手指自然张开，当手指触球时，双手将球握住，两臂顺势屈肘后引缓冲力量，最后持球于胸腹之间。（见图3-1）

图3-1 传接球

❷ 行进间投篮

行进间投篮是指在跑动中接球或运球后做中、近距离投篮的一种投篮方式。应注意选择合理的移动脚步或急停脚步，节奏清楚，起跳充分，举球、伸臂、屈腕、拨球动作连贯，用力适度。（见图3-2）

图 3-2 行进间投篮

（三）3vs3 篮球赛

二级比赛观测点详见表 3-1。

表 3-1 二级比赛观测点

观测点	合格要求	解释说明
运球	能在比赛中根据需要改变运球移动方向	能够根据防守者的位置、动作，灵活调整运球的移动路线
投篮	能选择空间，进行原地、行进间投篮的完整技术动作	能够根据防守者的位置、动作，在合适的空间内进行多种投篮的完整技术动作
传球	掌握双手胸前传接球，能将球传至队友附近（约一臂距离，队友上步可接到球）	能够结合队友的位置、面向等，传球至目标附近
进攻技战术	能在突破对手后寻找有空位的队友（突分）；传球后及时向篮筐移动（传切）	能在突破对手后寻找有空位的队友（突分）；传球后及时向篮筐移动（传切）
防守	能运用合理的防守脚步紧跟盯防的对手	能运用合理的防守脚步紧跟盯防的对手，比如滑步、交叉步等
速度、灵敏	能持续跑动以参与比赛，反应敏捷，变向快速	能够在纵向、横向的移动中表现出较好的移动速度；能够在移动中灵活地加速、制动或改变方向
争抢球	能积极参与争抢失去控制的球	能积极参与对失去控制的球的争抢
与同伴呼应	能在死球时呼应同伴	死球或即将死球时能够寻求帮助，通过语言、肢体动作等呼应同伴
鼓励队友	能通过语言、肢体动作肯定队友	能够通过语言、肢体动作等肯定队友，比如击掌、拍肩等

二、二级测评方法

(一) 单个技能——中距离接球投篮

5.2.1 单个技能——中距离接球投篮

5.2.1.1 场地器材

小学学段测评场地、器材要求同 5.1.1.1 小学学段的测评场地、器材。

初中及以上学段测评场地、器材要求同 5.1.1.1 初中及以上学段的测评场地、器材。

5.2.1.2 测评员工作

测评工作应由 2 名测评员完成,其测评工作包括但不限于:
a) 1 名辅助人员、2 名测评员站立位置如图 3 所示;
b) 1 号测评员在发出指令的同时开始计时,并注意受测者是否按照要求测试,测试在 1 min 时间到结束;
c) 2 号测评员负责计分,受测者在投篮区②、③、④投中一球计 1 分,在投篮区①、⑤投中一球计 2 分;
d) 取 2 次中个人较好成绩。

5.2.1.3 测试步骤

受测者测试步骤如下:
a) 受测者应在投篮区①举手示意准备测试,如图 3 所示;
b) 听到指令应接辅助人员传球,采取原地单手肩上投篮或原地双手胸前投篮;
c) 每个投篮区应接辅助人员传球并投篮 2 次,依次在①②③④⑤5 个投篮区进行 10 次投篮,测试应在 1 min 时间到结束。

每名受测者 2 次测试机会,第一次测试结束后应在 30 s 内开始第二次测试。

第 三 章
篮球课程学生运动能力二级测评

单位为米

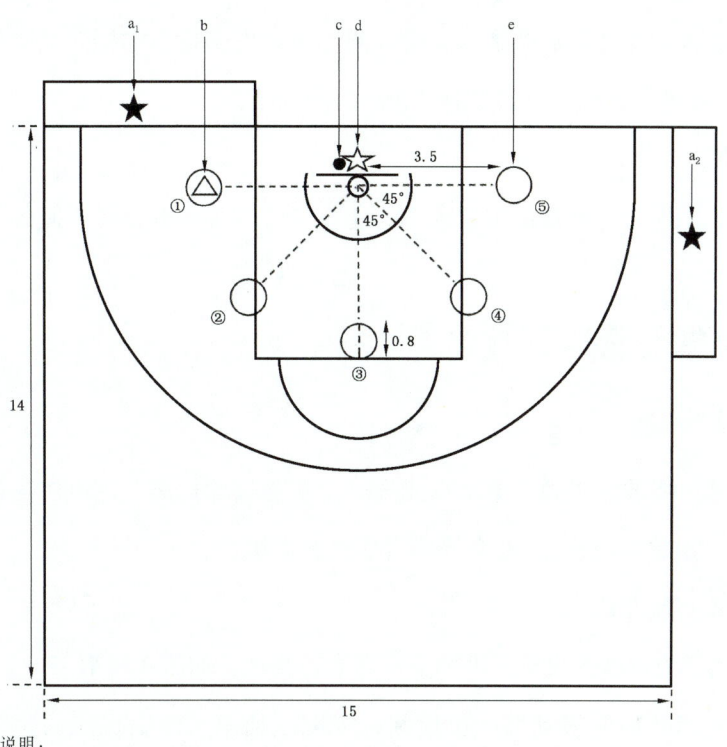

标引序号说明：
a₁、a₂——测评员位置；　　　　　　d——辅助人员位置；
b　　——受测者位置；　　　　　　　e——投篮区。
c　　——篮球；

图 3　中距离接球投篮测试示意图

解 读

1 场地器材

同一级测评单个技能场地器材要求。

2 测评员工作

测评工作共由 2 名测评员完成，2 名测评员的站位如图 3 所示。具体任务分工如下。

1 号测评员：

（1）站于图示位置附近，检查受测者的测评信息，并引导受测者进入投篮区①；

29

（2）向受测者再次确认测试要求；

（3）当受测者发出准备就绪示意后，测评员在发出指令的同时开始计时，并注意受测者是否按照要求测试，测试在 1 min 时间到结束。

2 号测评员：

（1）负责计分，受测者在投篮区②③④投中一球计 1 分，在投篮区①⑤投中一球计 2 分；

（2）取受测者 2 次测试中的个人较好成绩。

❸ 测试步骤

受测者应在测试前明确"单个技能——中距离接球投篮"测试的具体要求，并严格按照以下步骤完成测试。每名受测者 2 次测试机会。

具体测试步骤如下：

（1）受测者应持球在投篮区①举手示意准备测试，如图 3 所示；

（2）听到指令后应接辅助人员传球，采取原地单手肩上投篮或原地双手胸前投篮；

（3）每个投篮区应接辅助人员传球并投篮 2 次，依次在 5 个投篮区进行 10 次投篮，测试应在 1 min 时间到结束。

（4）每名受测者 2 次测试机会，如第一次测试失败，应于 30 s 内开始第二次测试。

❹ 辅助人员工作

（1）辅助人员应结合受测者实际，传球应注意采用适当的方式（击地传球或双手胸前传球）、力度、时机等；

（2）辅助人员应做到动作技术规范，体态姿势端正；

（3）建议增加 1 名辅助人员，2 名辅助人员需要协调配合，以保证测试过程正常进行。

（二）组合技能——运球—传接球—行进间投篮

5.2.2　组合技能——运球—传接球—行进间投篮

5.2.2.1　场地器材

小学学段测评场地、器材要求同 5.1.2.1 小学学段的测评场地、器材。

初中及以上学段测评场地、器材要求同 5.1.2.1 初中及以上学段的测评场地、器材。

5.2.2.2　测评员工作

测评工作应由 2 名测评员完成，其测评工作包括但不限于：
a) 1 名辅助人员、2 名测评员站立位置如图 4 所示；
b) 1 号测评员在发出指令的同时开始计时，在受测者最后运球超越底线时停止计时；
c) 2 号测评员记录受测者未按测试要求的动作行为和违例行为（带球走、两次运球、出界等）；
d) 出现 1 次未按测试要求的动作行为总测试时间累计增加 1 s，出现 1 次违例行为总测试时间累计增加 3 s，出现 2 次及以上违例行为或不按照规定路线则测试不合格；
e) 取 2 次中个人较好成绩。

5.2.2.3　测试步骤

受测者测试步骤如下：
a) 受测者应持球位于出发区，举手示意准备测试，如图 4 所示；
b) 听到指令开始测试，应运球绕过每组标志桶的远端，换手运球穿过标志桶后，传球至辅助人员，在向篮下切入过程中接辅助人员的回传球（击地传球）完成行进间投篮；
c) 投篮命中（或补篮命中）后应自抢篮板球，按照上述动作要求运球完成全部 5 组标志桶并投篮命中，自抢篮板球运球超越底线，测试结束。

每名受测者 2 次测试机会，第一次测试结束后应在 30 s 内开始第二次测试。

单位为米

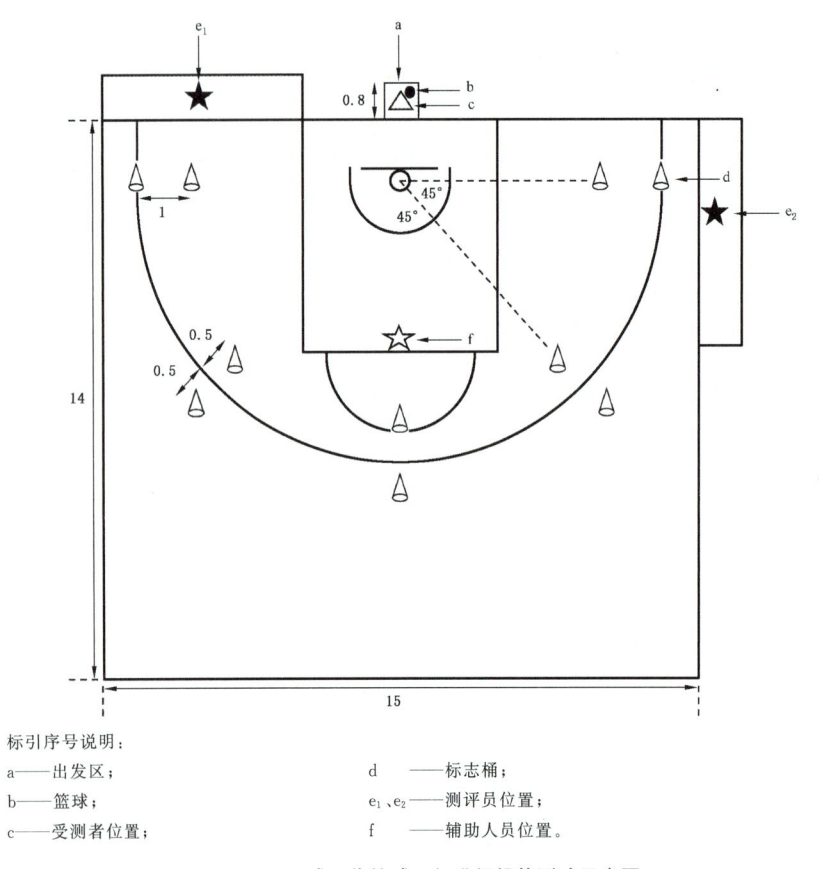

标引序号说明：
a——出发区；
b——篮球；
c——受测者位置；
d——标志桶；
e_1、e_2——测评员位置；
f——辅助人员位置。

图 4　运球—传接球—行进间投篮测试示意图

解读

❶ 场地器材

同一级测评组合技能场地器材要求。

❷ 测评员工作

测评工作共由 2 名测评员完成，2 名测评员的站位如图 4 所示。具体任务分工如下。

第 三 章
篮球课程学生运动能力二级测评

1号测评员：

（1）站于图示位置附近，检查受测者的测评信息，并引导受测者进入出发区；

（2）向受测者再次确认测试要求；

（3）当受测者发出准备就绪示意后，测评员在发出指令的同时开始计时，在受测者最后运球超越底线时停止计时。

2号测评员：

（1）负责记录受测者未按测试要求的动作行为和违例行为（带球走、两次运球、出界等）；

（2）出现1次未按测试要求的动作行为总测试时间累计增加1 s，出现1次违例行为总测试时间累计增加3 s，出现2次及以上违例行为或不按照规定路线进行则测试不合格；

（3）取受测者2次测试中的个人较好成绩。

❸ 测试步骤

受测者应在测试前明确"组合技能——运球—传接球—行进间投篮"测试的具体要求，并严格按照以下步骤完成测试。每名受测者2次测试机会。

具体测试步骤如下：

（1）受测者应持球位于出发区，举手示意准备测试，如图4所示；

（2）听到指令开始测试，应运球绕过每组标志桶的远端，换手运球穿过标志桶后，传球至辅助人员，在向篮下切入过程中接辅助人员的回传球（击地传球）完成行进间投篮；

（3）投篮命中（或补篮命中）后应自抢篮板球，按照上述动作要求运球完成全部5组标志桶并投篮命中，自抢篮板球运球超越底线，测试结束；

（4）每名受测者2次测试机会，如第一次测试失败，应于30 s内开始第二次测试。

❹ 辅助人员工作

（1）辅助人员应结合受测者实际，传球应注意采用适当的方式（击地传球或双手胸前传球)、力度、时机等；

(2) 辅助人员应做到动作技术规范，体态姿势端正；

(3) 辅助人员在罚球线附近，需灵活调整站位，避免阻碍受测者移动。

(三) 3vs3 篮球赛

5.2.3　3vs3 篮球赛

5.2.3.1　场地器材

小学学段测评场地、器材要求同 5.1.3.1 小学学段的测评场地、器材。

初中及以上学段测评场地、器材要求同 5.1.3.1 初中及以上学段的测评场地、器材。

5.2.3.2　测评员工作

测评工作应由 3 名测评员完成，其测评工作包括但不限于：

a) 3 名测评员位于一侧边线处，按照 3vs3 篮球赛合格要求对受测者进行测评；
b) 赛前，测评员按照性别将受测者区分后通过抽签组队，每队 3 人。

5.2.3.3　测试步骤

受测者测试步骤如下：

a) 受测者 3 人一组，进行 3vs3 比赛，2 名裁判员参考《篮球规则（2022）》或《小篮球规则（2023）》进行执裁；
b) 在符合规定的测评场地内，按照篮球规则进行比赛，两队以掷硬币的方式决定首个球权；
c) 比赛时长为净时间 6 min。

解读

❶ 场地器材

同一级比赛场地器材要求。

❷ 测评员工作

测评工作共由 2 名裁判员和 3 名测评员完成，3 名测评员位于一侧边线处。具体任务分工如下。

裁判员：

参考《篮球规则（2022）》或《小篮球规则（2023）》对"3vs3 篮球赛"进行执裁。

1号、2号测评员：

（1）负责记录受测者比赛中观测点的合格情况；

（2）对受测者比赛中观测点的合格情况进行汇总。

3号测评员：

（1）负责记录受测者比赛中观测点的合格情况；

（2）对受测者比赛中观测点的合格情况进行汇总；

（3）组织3名测评员决议受测者该项测评内容是否合格。

❸ 测试步骤

受测者应在测试前明确"3vs3篮球赛"测试的具体要求，并严格按照以下步骤完成测试。

具体测试步骤如下：

（1）受测者3人一组，进行3vs3比赛；

（2）在符合规定的测评场地内，按照篮球规则进行比赛，两队以掷硬币的方式决定首个球权；

（3）比赛时长为净时间6 min。

❹ 比赛结果出现平局的建议

"3vs3篮球赛"合格要求中规定"获胜方的受测者自动累计1个观测点"。如在计时结束出现平局，比赛两队的受测者均不累计增加观测点。

三、二级测评工具

（一）成绩记录表

❶ 单个技能——中距离接球投篮

（1）2号测评员根据1号测评员的示意进行受测者投篮得分的统计，使用"二级单个技能成绩记录表"（见表3-2）进行记录；

（2）一张记录表可记录多名受测者的测试成绩，1分用"●"的方式标记，2分用由左上至右下的"\"的方式标记；

（3）受测者测试成绩达到合格要求为合格。

表 3-2　二级单个技能成绩记录表

姓名	性别	得分														合格
×××	女	●	●	3	4	●	●	●	8	9	10	11	12	13	14	√
		1	2	3	4	5	6	7	8	9	10	11	12	13	14	
		1	2	3	4	5	6	7	8	9	10	11	12	13	14	

注：根据受测者表现进行成绩记录，并在相应表格里画"√"或"×"。

测评员：　　　　　　　　　　记录时间：　年　月　日

❷ 组合技能——运球—传接球—行进间投篮

（1）根据1号测评员的示意，2号测评员负责使用"二级组合技能成绩记录表"（见表3-3）进行受测者组合技能成绩的记录；

（2）一张记录表可记录多名受测者的测试成绩；

（3）受测者测试成绩达到合格要求为合格。

表 3-3　二级组合技能成绩记录表

姓名	性别	测试时间/s	未按测试要求的动作行为增加时间/s	违例增加时间/s					总测试时间（测试时间+增加时间）/s	两次及以上违例或未按规定路线进行	合格
			未换手运球	走步	两次运球	出界	携带球	脚踢球			
×××	女	45	+1	+3					49		√

注：根据受测者表现进行成绩记录，并在相应表格里画"√"或"×"。

测评员：　　　　　　　　　　记录时间：　年　月　日

第 三 章
篮球课程学生运动能力二级测评

❸ 3vs3 篮球赛

（1）3 名测评员分别使用"二级比赛成绩记录表"（见表 3-4）记录受测者比赛中观测点的合格情况；

（2）3 名测评员分别对受测者比赛中观测点的合格情况进行汇总；

（3）3 号测评员负责组织 3 名测评员决议受测者该项测评内容是否合格。

表 3-4　二级比赛成绩记录表

姓名	观测点		合格要求	合格情况	胜/负	观测点累计	合格情况
×××	技术	运球	能在比赛中根据需要改变运球移动方向	×	×	4	×
		投篮	能选择空间，进行原地、行进间投篮的完整技术动作	×			
		传球	掌握双手胸前传接球，能将球传至队友附近（约一臂距离，队友上步可接到球）	√			
	战术	进攻技战术	能在突破对手后寻找有空位的队友（突分）；传球后及时向篮筐移动（传切）	×			
		防守	能运用合理的防守脚步紧跟盯防的对手	√			
	体能	速度、灵敏	能持续跑动以参与比赛，反应敏捷，变向快速	√			
	心智	争抢球	能积极参与争抢失去控制的球	√			
		与同伴呼应	能在死球时呼应同伴	×			
		鼓励队友	能通过语言、肢体动作肯定队友	×			

1. 小学比赛参考《小篮球规则（2023）》，初中及以上比赛参考《篮球规则（2022）》。
2. 获胜方的受测者自动累计 1 个观测点，达到 5 个及以上观测点合格为合格。
3. 3 名测评员均判定合格为合格。

注：根据受测者表现进行成绩记录，并在相应表格里画"√"或"×"。

测评员：　　　　　　　　　　　　　　　　　　　　记录时间：　　年　　月　　日

37

（二）达标记录表

测评员应根据每名受测者各项测评内容的合格情况，对其达标情况做出评判。各项测评内容均合格为达标。二级测评达标记录表如表 3-5 所示。

表 3-5　二级测评达标记录表

姓名	各项测评内容合格情况			达标情况
	单个技能——中距离接球投篮	组合技能——运球—传接球—行进间投篮	3vs3 篮球赛	
×××	√	√	×	×
注：各项测评内容均合格即达标，在相应表格里画"√"或"×"。				
测评员：		记录时间：　　年　　月　　日		

四、二级测评操作视频

二级测评操作视频

第四章

篮球课程学生运动能力三级测评

一、三级达标要求

4.2.3 三级达标要求

4.2.3.1 三级技能应符合表5的要求。

表5 三级技能要求

测评内容	测评内容	合格要求
单个技能	中距离自投自抢	男≥6 分
		女≥5 分
组合技能	按顺序完成:运球—传接球—持球突破—行进间投篮	男≤50 s
		女≤60 s

4.2.3.2 三级比赛应符合表6的要求。

表6 三级比赛要求

测评内容	观测点[a]		合格要求[b]
5vs5篮球赛	技术	运球	能在比赛中运用体前、胯下、转身、背后等多种变向运球技术,并根据需要改变运球移动方向
		投篮	能在运球的过程中急停,并选择空间进行投篮的完整技术动作
		传接球	掌握双手胸前传接球、行进间传接球,能结合脚步移动传接球
		摆脱对手	能在(有球、无球)移动中通过加速摆脱对手
		三威胁	能在接球后做出规范的三威胁姿势动作
	战术	进攻技战术	能在突破对手后寻找有空位的队友(突分);传球后及时向篮筐移动(传切);在移动中利用队友身体获得空间(策应/掩护)
		防守	能运用挤过/绕过/穿过盯防对手
	体能	速度、灵敏	能持续跑动以参与比赛,反应敏捷,变向快速,动作协调
	心智	争抢球	能合理利用身体、位置的优势争抢球
		鼓励队友	能通过语言、肢体动作肯定队友

[a] 获胜方的受测者自动累计1个观测点,达到6个及以上观测点合格为合格。
[b] 3名测评员均判定合格为合格。

4.2.3.3 三级应符合表5和表6的要求。

《篮球课程学生运动能力测评规范》解读

解读

（一）单个技能——中距离自投自抢

建议采用单手肩上投篮。投篮后快速抢到篮板球并运球至投篮区进行下一次投篮。投篮一定要在规定区域内进行，不能超出区域或踩线。

（二）组合技能——运球—传接球—持球突破—行进间投篮

篮球三级组合技能要求受测者按顺序完成运球、传接球、持球突破、行进间投篮。

❶ 持球突破

持球突破是持球队员组合运用脚步动作和运球技术快速超越对手的一项攻击性很强的技术。接到球后从"三威胁"动作开始，主要由持球动作、蹬跨脚步、转体探肩、推放球加速4个环节组成。接到球后至少一只脚踩在动作区域内做持球突破，要求起动迅速突然、动作连贯。（见图4-1）

图4-1　持球突破

❷ 行进间投篮

行进间投篮是指在跑动中接球或运球后做中、近距离投篮的一种投篮方式。在持球突破后应采用外侧手运球完成行进间投篮，要求动作迅速连贯、起跳充分。（见图4-2）

图 4-2 行进间投篮

(三) 5vs5 篮球赛

三级比赛观测点详见表 4-1。

表 4-1 三级比赛观测点

观测点	合格要求	解释说明
运球	能在比赛中运用体前、胯下、转身、背后等多种变向运球技术，并根据需要改变运球移动方向	能够根据防守者的位置、动作，灵活运用体前、胯下、转身、背后等多种变向运球技术调整运球的移动路线
投篮	能在运球的过程中急停，并选择空间进行投篮的完整技术动作	能够结合比赛情境利用一步急停或两步急停的制动脚步技术，创造出合理的投篮空间并进行投篮的完整技术动作
传接球	掌握双手胸前传接球、行进间传接球，能结合脚步移动传接球	能够结合脚步移动寻找和创造出传球以及接球空间，完成技术动作
摆脱对手	能在（有球、无球）移动中通过加速摆脱对手	能在（有球、无球）移动中通过加速摆脱对手
三威胁	能在接球后做出规范的三威胁姿势动作	能在接球后做出规范的三威胁姿势动作，持球位置合理，身体重心可控
进攻技战术	能在突破对手后寻找有空位的队友（突分）；传球后及时向篮筐移动（传切）；在移动中利用队友身体获得空间（策应/掩护）	能在突破对手后寻找有空位的队友（突分）；传球后及时向篮筐移动（传切）；在移动中利用队友身体获得空间（策应/掩护）
防守	能运用挤过/绕过/穿过盯防对手	能结合比赛情境、防守策略等通过挤过/绕过/穿过在大多数时间内保持与盯防对手的对位
速度、灵敏	能持续跑动以参与比赛，反应敏捷，变向快速，动作协调	能够在纵向、横向的移动中表现出较好的移动速度；能够在移动中灵活地加速、制动或改变方向，动作协调连贯
争抢球	能合理利用身体、位置的优势争抢球	能积极参与对失去控制的球的争抢，利用身体以及位置等优势在争抢球过程中获利
鼓励队友	能通过语言、肢体动作肯定队友	能够通过语言、肢体动作等肯定队友，如加油或击掌等

二、三级测评方法

（一）单个技能——中距离自投自抢

5.3.1 单个技能——中距离自投自抢

5.3.1.1 场地器材

测评场地、器材应按如下要求：
a) 场地：尺寸 14 m(边线)×15 m(端线)，三秒区 5.8 m(长)×4.88 m(宽)，中心圆半径 1.8 m；
b) 器材：女生用 6 号球 1 个按 GB/T 22868 的规定，男生用 7 号球 1 个按 GB/T 22868 的规定，篮筐上沿距离地面 3.05 m，篮板规格尺寸 1.80 m(长)×1.05 m(宽)，电子秒表 1 个，口哨 1 个。

5.3.1.2 测评员工作

测评工作应由 2 名测评员完成，其测评工作包括但不限于：
a) 2 名测评员站立位置如图 5 所示；
b) 1 号测评员在发出指令的同时开始计时，并注意受测者是否按照要求测试，测试在 1 min 时间到结束；
c) 2 号测评员负责计分，受测者在投篮区②、③、④投中一球计 1 分，投篮区①、⑤投中一球计 2 分；
d) 取 2 次中个人较好成绩。

5.3.1.3 测试步骤

受测者测试步骤如下：
a) 受测者应持球在投篮区①举手示意准备测试，如图 5 所示；
b) 听到指令应采用原地单手肩上投篮或原地双手胸前投篮；
c) 在任选投篮区进行 10 次投篮，不应在同一投篮区连续投篮，测试应在 1 min 时间到结束。
每名受测者 2 次测试机会，第一次测试结束后应在 30 s 内开始第二次测试。

第 四 章
篮球课程学生运动能力三级测评

单位为米

标引序号说明：
a₁、a₂——测评员位置；
b ——篮球；
c ——受测者位置；
d ——投篮区。

图 5 中距离自投自抢测试示意图

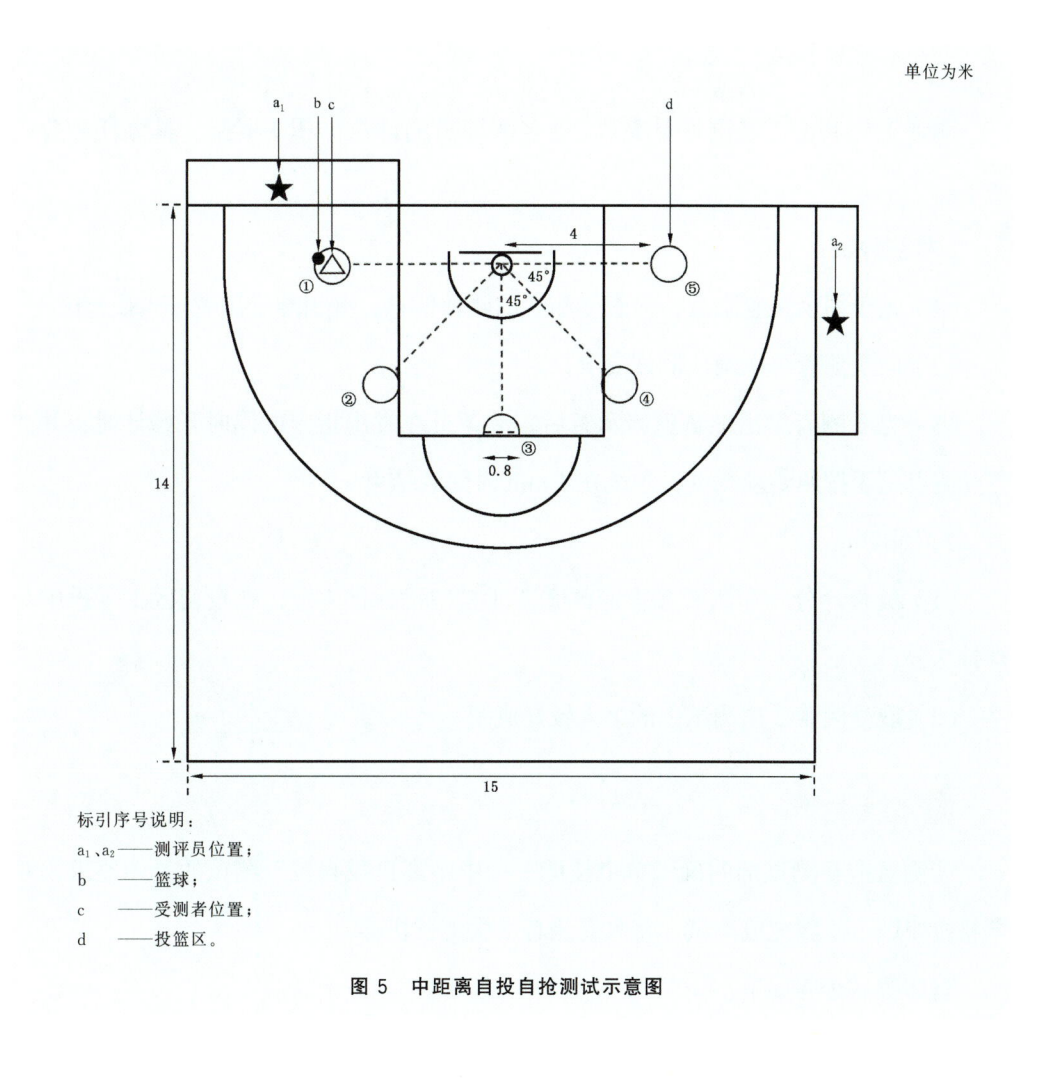

解读

1 场地器材

测评所需场地需符合尺寸 14 m（边线）×15 m（端线），三秒区 5.8 m（长）× 4.88 m（宽），中心圆半径 1.8 m；篮球架需符合篮筐上沿距离地面 3.05 m，篮板规格尺寸 1.80 m（长）×1.05 m（宽）等；女生用 6 号球 1 个按 GB/T 22868 的规定，男生用 7 号球 1 个按 GB/T 22868 的规定。

43

2 测评员工作

测评工作共由 2 名测评员完成，2 名测评员的站位如图 5 所示。具体任务分工如下。

1 号测评员：

（1）站于图示位置附近，检查受测者的测评信息，并引导受测者进入投篮区①；

（2）向受测者再次确认测试要求；

（3）当受测者发出准备就绪示意后，测评员在发出指令的同时开始计时，并注意受测者是否按照要求测试，测试在 1 min 时间到结束。

2 号测评员：

（1）负责计分，受测者在投篮区②③④投中一球计 1 分，在投篮区①⑤投中一球计 2 分；

（2）取受测者 2 次测试中的个人较好成绩。

3 测试步骤

受测者应在测试前明确"单个技能——中距离自投自抢"测试的具体要求，并严格按照以下步骤完成测试。每名受测者 2 次测试机会。

具体测试步骤如下：

（1）受测者应持球在投篮区①举手示意准备测试，如图 5 所示；

（2）听到指令应采用原地单手肩上投篮或原地双手胸前投篮；

（3）在任选投篮区进行 10 次投篮，不应在同一投篮区连续投篮，测试应在 1 min 时间到结束。

（4）每名受测者 2 次测试机会，如第一次测试失败，应于 30 s 内开始第二次测试。

（二）组合技能——运球—传接球—持球突破—行进间投篮

5.3.2 组合技能——运球—传接球—持球突破—行进间投篮

5.3.2.1 场地器材

测评场地、器材应按如下要求：
- a) 场地：尺寸 28 m（边线）×15 m（端线），三秒区 5.8 m（长）×4.88 m（宽），中心圆半径 1.8 m；
- b) 器材：女生用 6 号球 1 个按 GB/T 22868 的规定，男生用 7 号球 1 个按 GB/T 22868 的规定，篮筐上沿距离地面 3.05 m，篮板规格尺寸 1.80 m（长）×1.05 m（宽），传球挡板 2 个，电子秒表 1 个，口哨 1 个。

5.3.2.2 测评员工作

测评工作应由 2 名测评员完成，其测评工作包括但不限于：
- a) 2 位测评员站立位置如图 6 所示；
- b) 1 号测评员在发出指令的同时开始计时，在受测者最后运球超越底线时停止计时；
- c) 2 号测评员记录受测者未按测试要求的动作行为和违例行为（带球走、两次运球、出界等）；
- d) 出现 1 次未按测试要求的动作行为总测试时间累计增加 1 s，出现 1 次违例行为总测试时间累计增加 3 s，出现 2 次及以上违例行为或不按规定路线进行则测试不合格；
- e) 取 2 次中个人较好成绩。

5.3.2.3 测试步骤

受测者测试步骤如下：
- a) 受测者应持球位于出发区，举手示意准备测试，如图 6 所示；
- b) 听到指令开始测试，应采用外侧手运球至右侧边线与中线交汇的动作区域（应至少一只脚踏入），继续运球向篮下推进，传球至传球挡板并向篮下切入，移动中接传球挡板的反弹球后在动作区域处持球突破并完成行进间投篮；
- c) 投篮命中（或补篮命中）后应自抢篮板球，按照上述要求在球场另一侧完成测试内容，投篮命中（或补篮命中）后运球超越底线，测试结束。

每名受测者 2 次测试机会，第一次测试结束后应在 30 s 内开始第二次测试。

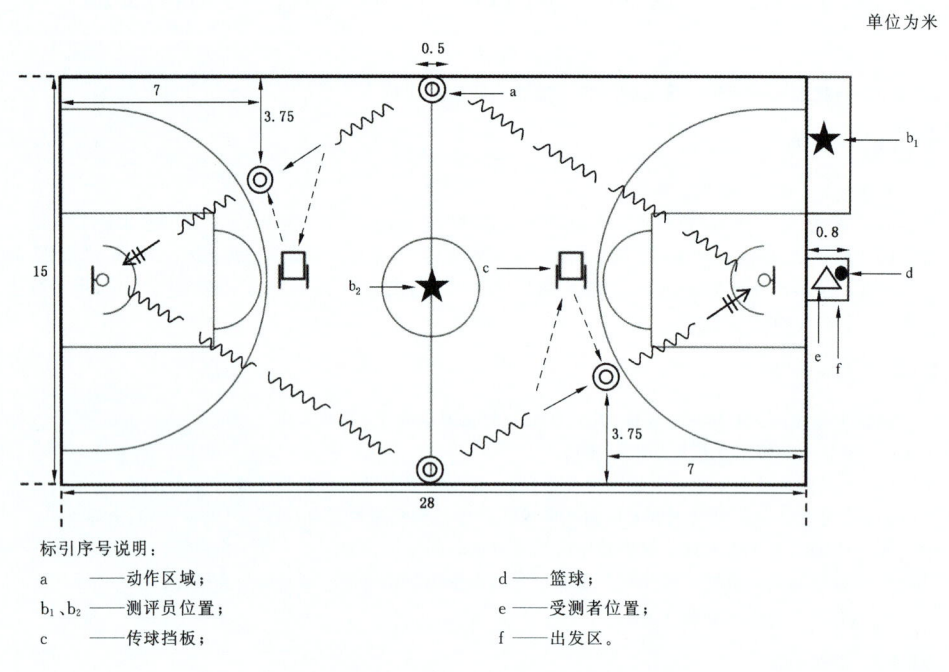

标引序号说明：
a——动作区域；
b₁、b₂——测评员位置；
c——传球挡板；
d——篮球；
e——受测者位置；
f——出发区。

图6 运球—传接球—持球突破—行进间投篮测试示意图

解读

1 场地器材

场地器材如受实际条件局限，传球挡板可由辅助人员代替；测评所需场地需符合尺寸 28 m（边线）×15 m（端线），三秒区 5.8 m（长）×4.88 m（宽），中心圆半径 1.8 m；篮球架需符合篮筐上沿距离地面 3.05 m，篮板规格尺寸 1.80 m（长）×1.05 m（宽）等；女生用 6 号球 1 个按 GB/T 22868 的规定，男生用 7 号球 1 个按 GB/T 22868 的规定。

2 测评员工作

测评工作共由 2 名测评员完成，2 名测评员的站位如图 6 所示。具体任务分工如下。

1号测评员：

（1）站于图示位置附近，检查受测者的测评信息，并引导受测者进入出发区；

（2）向受测者再次确认测试要求；

（3）当受测者发出准备就绪示意后，测评员在发出指令的同时开始计时，在受测者最后运球超越底线时停止计时。

2号测评员：

（1）负责记录受测者未按测试要求的动作行为和违例行为（带球走、两次运球、出界等）；

（2）出现1次未按测试要求的动作行为总测试时间累计增加1 s，出现1次违例行为总测试时间累计增加3 s，出现2次及以上违例行为或不按照规定路线进行则测试不合格；

（3）取受测者2次测试中的个人较好成绩。

❸ 测试步骤

受测者应在测试前明确"组合技能——运球—传接球—持球突破—行进间投篮"测试的具体要求，并严格按照以下步骤完成测试。每名受测者2次测试机会。

具体测试步骤如下：

（1）受测者应持球位于出发区，举手示意准备测试，如图6所示；

（2）听到指令开始测试，应采用外侧手运球至右侧边线与中线交汇的动作区域（应至少一只脚踏入），继续运球向篮下推进，传球至传球挡板并向篮下切入，移动中接传球挡板的反弹球后在动作区域处持球突破并完成行进间投篮；

（3）投篮命中（或补篮命中）后应自抢篮板球，按照上述要求在球场另一侧完成测试内容，投篮命中（或补篮命中）后运球超越底线，测试结束；

（4）每名受测者2次测试机会，如第一次测试失败，应于30 s内开始第二次测试。

4 辅助人员工作

（1）辅助人员应结合受测者实际，传球应注意采用适当的方式（击地传球或双手胸前传球）、力度、时机等；

（2）辅助人员应做到动作技术规范，体态姿势端正；

（3）辅助人员在图示位置附近，需灵活调整站位，避免阻碍受测者移动。

（三）5vs5 篮球赛

5.3.3　5vs5 篮球赛

5.3.3.1　场地器材

测评场地、器材应按如下要求：

a）场地：尺寸 28 m（边线）×15 m（端线），三秒区 5.8 m（长）×4.88 m（宽），中心圆半径 1.8 m；

b）器材：女生用 6 号球 1 个按 GB/T 22868 的规定，男生用 7 号球 1 个按 GB/T 22868 的规定，篮筐上沿距离地面 3.05 m，篮板规格尺寸 1.80 m（长）×1.05 m（宽），电子秒表 1 个，口哨 4 个，分队服（带号码）两色各 5 套。

5.3.3.2　测评员工作

测评工作应由 3 名测评员完成，其测评工作包括但不限于：

a）3 名测评员位于一侧边线处，按照 5vs5 篮球赛合格要求对受测者进行测评；

b）赛前，测评员按照性别将受测者区分后通过抽签组队，每队 5 人。

5.3.3.3　测试步骤

受测者测试步骤如下：

a）受测者 5 人一组，进行 5vs5 比赛，3 名裁判员参考《篮球规则（2022）》进行执裁；

b）在符合规定的测评场地内，按照篮球规则进行比赛，两队以跳球的方式决定首个球权；

c）比赛时长为净时间 10 min 或任何一队得分 21 分（或以上）。

解读

1 场地器材

场地器材如受实际条件局限，传球挡板可由辅助人员代替；测评所需场地需符合尺寸 28 m（边线）×15 m（端线），三秒区 5.8 m（长）×4.88 m（宽），中心圆半径 1.8 m；篮球架需符合篮筐上沿距离地面 3.05 m，篮板规格尺寸 1.80 m（长）×1.05 m（宽）等；

第四章
篮球课程学生运动能力三级测评

女生用 6 号球 1 个按 GB/T 22868 的规定，男生用 7 号球 1 个按 GB/T 22868 的规定。

❷ 测评员工作

测评工作共由 3 名裁判员和 3 名测评员完成，3 名测评员位于一侧边线处。具体任务分工如下。

3 名裁判员：

参考《篮球规则（2022）》对"5vs5 篮球赛"进行执裁。

1 号、2 号测评员：

（1）负责记录受测者比赛中观测点的合格情况；

（2）对受测者比赛中观测点的合格情况进行汇总。

3 号测评员：

（1）负责记录受测者比赛中观测点的合格情况；

（2）对受测者比赛中观测点的合格情况进行汇总；

（3）组织 3 名测评员决议受测者该项测评内容是否合格。

❸ 测试步骤

受测者应在测试前明确"5vs5 篮球赛"测试的具体要求，并严格按照以下步骤完成测试。

具体测试步骤如下：

（1）受测者 5 人一组，进行 5vs5 比赛；

（2）在符合规定的测评场地内，按照篮球规则进行比赛，两队以跳球的方式决定首个球权；

（3）比赛时长为净时间 10 min，或任何一队得分 21 分（或以上）比赛结束。

❹ 比赛结果出现平局的建议

"5vs5 篮球赛"合格要求中规定"获胜方的受测者自动累计 1 个观测点"。如在计时结束出现平局，比赛两队的受测者均不累计增加观测点。

三、三级测评工具

（一）成绩记录表

1 单个技能——中距离自投自抢

（1）2号测评员根据1号测评员的示意进行受测者投篮得分的统计，使用"三级单个技能成绩记录表"（见表4-2）进行记录；

（2）一张记录表可记录多名受测者的测试成绩，1分用"●"的方式标记，2分用由左上至右下的"\"的方式标记；

（3）受测者测试成绩达到合格要求为合格。

表 4-2 三级单个技能成绩记录表

姓名	性别	得分														合格
×××	男	●	●	3	4	5	6	●	●	9	10	11	12	13	14	√
		1	2	3	4	5	6	7	8	9	10	11	12	13	14	
		1	2	3	4	5	6	7	8	9	10	11	12	13	14	
注：根据受测者表现进行成绩记录，并在相应表格里画"√"或"×"。															
测评员：		记录时间：　　年　　月　　日														

2 组合技能——运球—传接球—持球突破—行进间投篮

（1）根据1号测评员的示意，2号测评员负责使用"三级组合技能成绩记录表"（见表4-3）进行受测者组合技能成绩的记录；

（2）一张记录表可记录多名受测者的测试成绩；

（3）受测者测试成绩达到合格要求为合格。

第四章
篮球课程学生运动能力三级测评

表 4-3　三级组合技能成绩记录表

姓名	性别	测试时间/s	未按测试要求的动作行为增加时间/s	违例增加时间/s					总测试时间（测试时间+增加时间）/s	两次及以上违例或未按规定路线进行	合格
			未换手运球	走步	两次运球	出界	携带球	脚踢球			
×××	男	47	+1	+3					51		×

注：根据受测者表现进行成绩记录，并在相应表格里画"√"或"×"。

测评员：　　　　　　　　　　　　　　　记录时间：　　年　　月　　日

❸ 5vs5 篮球赛

（1）3 名测评员分别使用"三级比赛成绩记录表"（见表 4-4）记录受测者比赛中观测点的合格情况；

（2）3 名测评员分别对受测者比赛中观测点的合格情况进行汇总；

（3）3 号测评员负责组织 3 名测评员决议受测者该项测评内容是否合格。

表 4-4　三级比赛成绩记录表

姓名	观测点		合格要求	合格情况	胜/负	观测点累计	合格情况
×××	技术	运球	能在比赛中运用体前、胯下、转身、背后等多种变向运球技术，并根据需要改变运球移动方向	√	√	8	√
		投篮	能在运球的过程中急停，并选择空间进行投篮的完整技术动作	√			
		传接球	掌握双手胸前传接球、行进间传接球，能结合脚步移动传接球	√			
		摆脱对手	能在（有球、无球）移动中通过加速摆脱对手	×			
		三威胁	能在接球后做出规范的三威胁姿势动作	√			

51

续表

姓名	观测点		合格要求	合格情况	胜/负	观测点累计	合格情况
×××	战术	进攻技战术	能在突破对手后寻找有空位的队友（突分）；传球后及时向篮筐移动（传切）；在移动中利用队友身体获得空间（策应/掩护）	×	√	8	√
		防守	能运用挤过/绕过/穿过盯防对手	√			
	体能	速度、灵敏	能持续跑动以参与比赛，反应敏捷，变向快速，动作协调	√			
	心智	争抢球	能合理利用身体、位置的优势争抢球	×			
		鼓励队友	能通过语言、肢体动作肯定队友	√			

1. 获胜方的受测者自动累计 1 个观测点，达到 6 个及以上观测点合格为合格。
2. 3 名测评员均判定合格为合格。

注：根据受测者表现进行成绩记录，并在相应表格里画"√"或"×"。

测评员：　　　　　　　　　　　　　　　　　　记录时间：　　年　　月　　日

（二）达标记录表

测评员应根据每名受测者各项测评内容的合格情况，对其达标情况做出评判。各项测评内容均合格为达标。三级测评达标记录表如表 4-5 所示。

表 4-5　三级测评达标记录表

姓名	各项测评内容合格情况			达标情况
	单个技能——中距离自投自抢	组合技能——运球—传接球—持球突破—行进间投篮	5vs5 篮球赛	
×××	√	×	√	×

注：各项测评内容均合格即达标，在相应表格里画"√"或"×"。

测评员：　　　　　　　　　　　　　　　　　　记录时间：　　年　　月　　日

四、三级测评操作视频

三级测评操作视频

第五章

篮球课程学生运动能力四级测评

一、四级达标要求

4.2.4 四级达标要求

4.2.4.1 四级技能应符合表7的要求。

表 7 四级技能要求

测评内容		合格要求
单个技能	直线移动接球投篮	男≥6 分
		女≥5 分
组合技能	按顺序完成：运球—传接球—持球突破—行进间投篮	男≤50 s
		女≤60 s

4.2.4.2 四级比赛应符合表8的要求。

表 8 四级比赛要求

测评内容		观测点[a]	合格要求[b]
5vs5 篮球赛	技术	运球	能在运球的同时保护好球
		投篮	能在无球移动（接传球）的过程中急停，并选择空间进行投篮的完整技术动作
		传球	掌握双手胸前、单手肩上、击地等多种传球技术，能结合运球、移动等技术传球
		摆脱对手	能在（有球、无球）移动中通过加速、变向摆脱对手
		三威胁	具有在接球后做出规范三威胁姿势动作的习惯
		抢篮板球	能争抢高度空间，并形成对球的控制
	战术	进攻技战术	能在突破对手后寻找有最佳进攻位置的队友（突分）；传球后及时向篮筐移动，通过脚步获得位置优势（传切）；在移动中利用队友身体获得空间（策应/掩护）
		防守	能运用换防/补防/协防盯防对手

第五章
篮球课程学生运动能力四级测评

续表

测评内容	观测点[a]		合格要求[b]
5vs5 篮球赛	体能	力量、速度、灵敏	能持续跑动以参与比赛,反应敏捷,变向快速,脚步动作清晰
	心智	争抢球	能利用身体、位置的优势争抢球
		鼓励队友	能通过语言、肢体动作肯定队友

[a] 获胜方的受测者自动累计 1 个观测点,达到 7 个及以上观测点合格为合格。
[b] 3 名测评员均判定合格为合格。

4.2.4.3 四级应符合表 7 和表 8 的要求。

解读

(一)单个技能——直线移动接球投篮

建议采用单手肩上投篮。接球时采用两步急停,准备接球时内侧脚先落地,随后外侧脚紧跟落地,用脚掌内侧蹬地,两膝弯曲,身体侧转,微向前倾,重心在两脚之间,脚尖正对篮筐方向。(见图 5-1)

图 5-1 直线移动接球投篮

(二)组合技能——运球—传接球—持球突破—行进间投篮

篮球四级组合技能要求受测者按顺序完成运球、传接球、持球突破、行进间投篮。

❶ 体前变向换手运球

当对手堵截运球前进路线时,突然换手运球,向左或向右改变运球方向,借以摆脱防守的一种运球方法。应注意换手变向时,重心降低,转体探肩,蹬跨加速突然,还原快速有力,换手变向后加速要快。(见图5-2)

图5-2 体前变向换手运球

❷ 背后变向运球

当对手堵截运球一侧,距离较近,不便运用体前变向运球时,运球队员可采用背后变向运球,改变方向突破防守。应注意拍球的位置和方法,动作变化迅速,跨步及时,重心跟上。(见图5-3)

图5-3 背后变向运球

(三)5vs5篮球赛

四级比赛观测点详见表5-1。

第五章
篮球课程学生运动能力四级测评

表 5-1 四级比赛观测点

观测点	合格要求	解释说明
运球	能在运球的同时保护好球	能够根据防守者的位置、动作，利用身体卡位保护并灵活运用多种变向运球技术调整运球的移动路线
投篮	能在无球移动（接传球）的过程中急停，并选择空间进行投篮的完整技术动作	能够结合比赛情境灵活运用一步急停和两步急停的制动脚步技术，能够根据防守队员的防守方式调整投篮节奏和投篮选择
传球	掌握双手胸前、单手肩上、击地等多种传球技术，能结合运球、移动等技术传球	能够面对不同的防守压迫选择合适的传球方式以及接球空间，灵活应用移动传接球、运球传球等组合动作
摆脱对手	能在（有球、无球）移动中通过加速、变向摆脱对手	能够合理地运用加速、制动、变向、假动作等方式摆脱盯防对手，获得进攻空间
三威胁	具有在接球后做出规范三威胁姿势动作的习惯	接球时能够主动做出规范的三威胁姿势动作，并能够根据防守队员的位置移动选择进攻策略
抢篮板球	能争抢高度空间，并形成对球的控制	能够通过判断落点、抢占高度空间来争抢来自篮板或篮圈上的反弹球
进攻技战术	能在突破对手后寻找有最佳进攻位置的队友（突分）；传球后及时向篮筐移动，通过脚步获得位置优势（传切）；在移动中利用队友身体获得空间（策应/掩护）	能在突破对手后寻找有最佳进攻位置的队友（突分）；传球后及时向篮筐移动，通过脚步获得位置优势（传切）；在移动中利用队友身体获得空间（策应/掩护）
防守	能运用换防/补防/协防盯防对手	能够结合团队防守策略选用多种防守技术，大多数时间内能灵活运用换防/补防/协防持续盯防对手
力量、速度、灵敏	能持续跑动以参与比赛，反应敏捷，变向快速，脚步动作清晰	能够通过身体对抗占据进攻空间；能够在快速移动中灵活地变速及改变方向；能够灵活完成摆脱、转身等动作
争抢球	能利用身体、位置的优势争抢球	能够主动利用身体和位置优势抢占空间，在防守中时刻保持对球的争抢
鼓励队友	能通过语言、肢体动作肯定队友	能够主动鼓励同伴、为队友加油，主动用击掌和拍抚等动作鼓励队友

二、四级测评方法

（一）单个技能——直线移动接球投篮

5.4.1　单个技能——直线移动接球投篮

5.4.1.1　场地器材

测评场地、器材要求同 5.3.1.1。

5.4.1.2 测评员工作

测评工作应由 2 名测评员完成,其测评工作包括但不限于:
a) 1 名辅助人员、2 名测评员站立位置如图 7 所示;
b) 辅助人员采用击地传球至罚球线两端投篮区,1 号测评员在发出指令的同时开始计时,并注意受测者是否按照要求测试,测试在 1 min 时间到结束;
c) 2 号测评员负责计分,受测者在投篮区投中一球计 1 分;
d) 取 2 次中个人较好成绩。

5.4.1.3 测试步骤

受测者测试步骤如下:
a) 受测者应在开始区举手示意准备测试,如图 7 所示;
b) 听到指令开始测试,应在投篮区内接辅助人员击地传球进行投篮,投篮后返回至开始区准备下一次投篮,测试应在 1 min 时间到结束;
c) 应在罚球线两端的投篮区交替进行 12 次投篮。

每名受测者 2 次测试机会,第一次测试结束后应在 30 s 内开始第二次测试。

单位为米

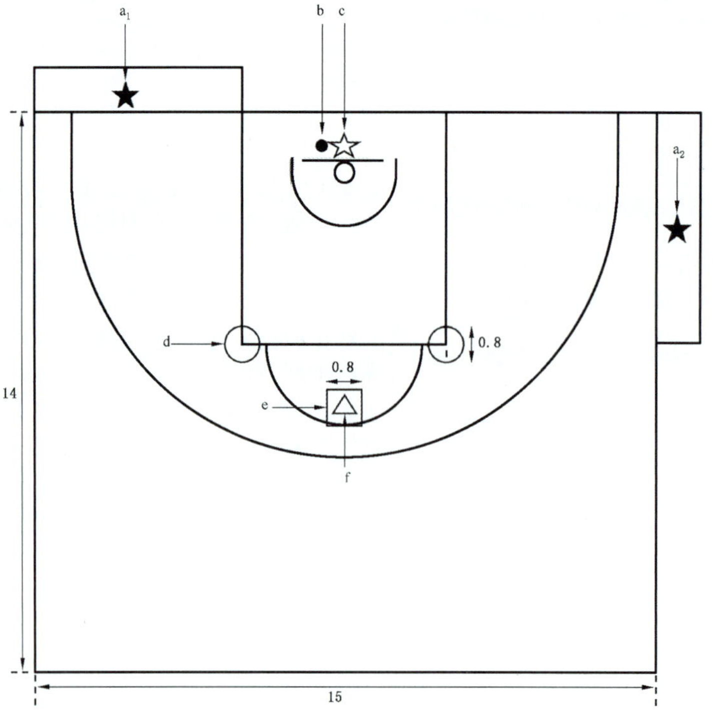

标引序号说明:
a_1、a_2 ——测评员位置;
b ——篮球;
c ——辅助人员位置;
d ——投篮区;
e ——开始区;
f ——受测者位置。

图 7 直线移动接球投篮测试示意图

第 五 章
篮球课程学生运动能力四级测评

解读

1 场地器材

同三级测评单个技能场地器材要求。

2 测评员工作

测评工作共由 2 名测评员完成，2 名测评员的站位如图 7 所示。具体任务分工如下。

1 号测评员：

（1）站于图示位置附近，检查受测者的测评信息，并引导受测者进入开始区；

（2）向受测者再次确认测试要求；

（3）当受测者发出准备就绪示意后，测评员在发出指令的同时开始计时，并注意受测者是否按照要求测试，测试在 1 min 时间到结束。

2 号测评员：

（1）负责计分，受测者在投篮区投中一球计 1 分；

（2）取受测者 2 次测试中的个人较好成绩。

3 测试步骤

受测者应在测试前明确"单个技能——直线移动接球投篮"测试的具体要求，并严格按照以下步骤完成测试。每名受测者 2 次测试机会。

具体测试步骤如下：

（1）受测者应持球在开始区举手示意准备测试，如图 7 所示；

（2）听到指令后开始测试，应在投篮区内接辅助人员击地传球进行投篮；

（3）投篮后返回至开始区准备下一次投篮，受测者应在罚球线两端的投篮区交替进行 12 次投篮，测试应在 1 min 时间到结束；

（4）每名受测者 2 次测试机会，如第一次测试失败，应于 30 s 内开始第二次测试。

4 辅助人员工作

（1）辅助人员应结合受测者实际，传球应注意采用击地传球的方式将球交替传至投篮区附近，注意传球力度和时机等；

（2）辅助人员应做到动作技术规范，体态姿势端正；

（3）建议增加1名辅助人员，2名辅助人员需明确分工、讲求默契，1名负责传球，1名负责捡球。

（二）组合技能——运球—传接球—持球突破—行进间投篮

5.4.2 组合技能——运球—传接球—持球突破—行进间投篮

5.4.2.1 场地器材

测评场地、器材要求同5.3.2.1。

5.4.2.2 测评员工作

测评工作应由2名测评员完成，其测评工作包括但不限于：

a) 2名测评员站立位置如图8所示；
b) 1号测评员在发出指令的同时开始计时，在受测者最后运球超越底线时停止计时；
c) 2号测评员记录受测者未按测试要求的动作行为和违例行为（带球走、两次运球、出界等）；
d) 出现1次未按测试要求的动作行为总测试时间累计增加1 s，出现1次违例行为总测试时间累计增加3 s，出现2次及以上违例行为或不按规定路线进行则测试不合格；
e) 取2次中个人较好成绩。

5.4.2.3 测试步骤

受测者测试步骤如下：

a) 受测者应持球位于出发区，举手示意准备测试，如图8所示；
b) 听到指令开始测试，应采用外侧手运球至右侧边线与中线交汇的动作区域（需至少一只脚踏入），换手运球至动作区域①，脚踩动作区域做换手变向运球，右手运球至动作区域②，脚踩动作区域做换手变向运球继续推进，传球至传球挡板后向篮下切入，移动中接传球挡板的反弹球后，脚踩动作区域持球突破接行进间投篮；
c) 投篮命中（或补篮命中）后应自抢篮板球，按照上述要求在球场另一侧完成测试内容，投篮命中后运球超越底线，测试结束。

每名受测者2次测试机会，第一次测试结束后应在30 s内开始第二次测试。

第 五 章
篮球课程学生运动能力四级测评

单位为米

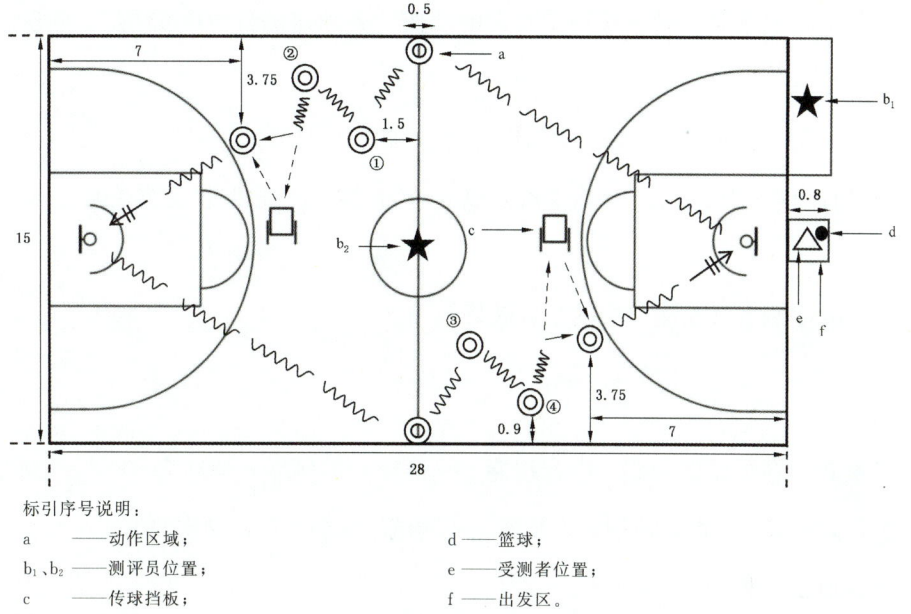

标引序号说明：
a ——动作区域；
b_1、b_2 ——测评员位置；
c ——传球挡板；
d ——篮球；
e ——受测者位置；
f ——出发区。

图 8　运球—传接球—持球突破—行进间投篮测试示意图

解读

1 场地器材

同三级测评组合技能场地器材要求。

2 测评员工作

测评工作共由 2 名测评员完成，2 名测评员的站位如图 8 所示。具体任务分工如下。

1 号测评员：

（1）站于图示位置附近，检查受测者的测评信息，并引导受测者进入出发区；

（2）向受测者再次确认测试要求；

（3）当受测者发出准备就绪示意后，测评员在发出指令的同时开始计时，在受测者最后运球超越底线时停止计时。

《篮球课程学生运动能力测评规范》解读

2号测评员：

（1）负责记录受测者未按测试要求的动作行为和违例行为（带球走、两次运球、出界等）；

（2）出现1次未按测试要求的动作行为总测试时间累计增加1 s，出现1次违例行为总测试时间累计增加3 s，出现2次及以上违例行为或不按照规定路线进行则测试不合格；

（3）取受测者2次测试中的个人较好成绩。

❸ 测试步骤

受测者应在测试前明确"组合技能——运球—传接球—持球突破—行进间投篮"测试的具体要求，并严格按照以下步骤完成测试。每名受测者2次测试机会。

具体测试步骤如下：

（1）受测者应持球位于出发区，举手示意准备测试，如图8所示；

（2）听到指令开始测试，应采用外侧手运球至右侧边线与中线交汇的动作区域（需至少一只脚踏入），换手运球至动作区域①，脚踩动作区域做换手变向运球，右手运球至动作区域②，脚踩动作区域做换手变向运球继续推进，传球至传球挡板后向篮下切入，移动中接传球挡板的反弹球后，脚踩动作区域持球突破接行进间投篮；

（3）投篮命中（或补篮命中）后应自抢篮板球，按照上述要求在球场另一侧完成测试内容，投篮命中后运球超越底线，测试结束；

（4）每名受测者2次测试机会，如第一次测试失败，应于30 s内开始第二次测试。

❹ 辅助人员工作

（1）辅助人员应结合受测者实际，传球应注意采用适当的方式（击地传球或双手胸前传球）、力度、时机等；

（2）辅助人员应做到动作技术规范，体态姿势端正；

（3）辅助人员在图示位置附近，需灵活调整站位，避免阻碍受测者移动。

第 五 章
篮球课程学生运动能力四级测评

（三）5vs5 篮球赛

5.4.3　5vs5 篮球赛

5.4.3.1　场地器材

测评场地、器材要求同 5.3.3.1。

5.4.3.2　测评员工作

测评工作应由 3 名测评员完成，其测评工作包括但不限于：
a) 3 名测评员位于一侧边线处，按照 5vs5 篮球赛合格要求对受测者进行测评；
b) 赛前，测评员按照性别将受测者区分后通过抽签组队，每队 5 人。

5.4.3.3　测试步骤

受测者测试步骤如下：
a) 受测者 5 人一组，进行 5vs5 比赛，3 名裁判员参考《篮球规则（2022）》进行执裁；
b) 在符合规定的测评场地内，按照篮球规则进行比赛，两队以跳球的方式决定首个球权；
c) 比赛时长为净时间 10 min 或任何一队得分 21 分（或以上）。

解　读

❶ 场地器材

同三级比赛场地器材要求。

❷ 测评员工作

测评工作共由 3 名裁判员和 3 名测评员完成，3 名测评员位于一侧边线处。具体任务分工如下。

裁判员：

参考《篮球规则（2022）》对"5vs5 篮球赛"进行执裁。

1 号、2 号测评员：

（1）负责记录受测者比赛中观测点的合格情况；

（2）对受测者比赛中观测点的合格情况进行汇总。

3 号测评员：

（1）负责记录受测者比赛中观测点的合格情况；

（2）对受测者比赛中观测点的合格情况进行汇总；

（3）组织 3 名测评员决议受测者该项测评内容是否合格。

❸ 测试步骤

受测者应在测试前明确"5vs5 篮球赛"测试的具体要求，并严格按照以下步骤完成测试。

具体测试步骤如下：

（1）受测者 5 人一组，进行 5vs5 比赛；

（2）在符合规定的测评场地内，按照篮球规则进行比赛，两队以跳球的方式决定首个球权；

（3）比赛时长为净时间 10 min，或任何一队得分 21 分（或以上）比赛结束。

❹ 比赛结果出现平局的建议

"5vs5 篮球赛"合格要求中规定"获胜方的受测者自动累计 1 个观测点"。如在计时结束出现平局，比赛两队的受测者均不累计增加观测点。

三、四级测评工具

（一）成绩记录表

❶ 单个技能——直线移动接球投篮

（1）2 号测评员根据 1 号测评员的示意进行受测者投篮得分的统计，使用"四级单个技能成绩记录表"（见表 5-2）进行记录；

（2）一张记录表可记录多名受测者的测试成绩，1 分用"●"的方式标记；

（3）受测者测试成绩达到合格要求为合格。

第 五 章
篮球课程学生运动能力四级测评

表 5-2　四级单个技能成绩记录表

姓名	性别	得分											合格
×××	女	●	●	●	●	●	7	●	●	10	●	12	√
		1	2	3	4	5	6	7	8	9	10	11	12
		1	2	3	4	5	6	7	8	9	10	11	12
注：根据受测者表现进行成绩记录，并在相应表格里画"√"或"×"。														
测评员：						记录时间：　　年　　月　　日							

2 组合技能——运球—传接球—持球突破—行进间投篮

（1）根据 1 号测评员的示意，2 号测评员负责使用"四级组合技能成绩记录表"（见表 5-3）进行受测者组合技能成绩的记录；

（2）一张记录表可记录多名受测者的测试成绩；

（3）受测者测试成绩达到合格要求为合格。

表 5-3　四级组合技能成绩记录表

姓名	性别	测试时间/s	未按测试要求的动作行为增加时间/s	违例增加时间/s					总测试时间（测试时间+增加时间）/s	两次及以上违例或未按规定路线进行	合格
			未换手运球/未胯下变向运球/未背后变向运球	走步	两次运球	出界	携带球	脚踢球			
×××	女	40					+3		43		√
注：根据受测者表现进行成绩记录，并在相应表格里画"√"或"×"。											
测评员：						记录时间：　　年　　月　　日					

3 5vs5 篮球赛

（1）3 名测评员分别使用"四级比赛成绩记录表"（见表 5-4）记录受测者比赛中观测点的合格情况；

（2）3 名测评员分别对受测者比赛中观测点的合格情况进行汇总；

（3）3 号测评员负责组织 3 名测评员决议受测者该项测评内容是否合格。

表 5-4　四级比赛成绩记录表

姓名	观测点		合格要求	合格情况	胜/负	观测点累计	合格情况
×××	技术	运球	能在运球的同时保护好球	√	×	8	√
		投篮	能在无球移动（接传球）的过程中急停，并选择空间进行投篮的完整技术动作	×			
		传球	掌握双手胸前、单手肩上、击地等多种传球技术，能结合运球、移动等技术传球	×			
		摆脱对手	能在（有球、无球）移动中通过加速、变向摆脱对手	√			
		三威胁	具有在接球后做出规范三威胁姿势动作的习惯	√			
		抢篮板球	能争抢高度空间，并形成对球的控制	√			
	战术	进攻技战术	能在突破对手后寻找有最佳进攻位置的队友（突分）；传球后及时向篮筐移动，通过脚步获得位置优势（传切）；在移动中利用队友身体获得空间（策应/掩护）	√			
		防守	能运用换防/补防/协防盯防对手	×			
	体能	力量、速度、灵敏	能持续跑动以参与比赛，反应敏捷，变向快速，脚步动作清晰	√			
	心智	争抢球	能利用身体、位置的优势争抢球	√			
		鼓励队友	能通过语言、肢体动作肯定队友	√			
1. 获胜方的受测者自动累计 1 个观测点，达到 7 个及以上观测点合格为合格。 2. 3 名测评员均判定合格为合格。							
注：根据受测者表现进行成绩记录，并在相应表格里画"√"或"×"。							
测评员：				记录时间：　　年　　月　　日			

（二）达标记录表

测评员应根据每名受测者各项测评内容的合格情况，对其达标情况做出评判。各项测评内容均合格为达标。四级测评达标记录表如表 5-5 所示。

表 5-5　四级测评达标记录表

姓名	各项测评内容合格情况			达标情况
	单个技能——直线移动接球投篮	组合技能——运球—传接球—持球突破—行进间投篮	5vs5 篮球赛	
×××	√	√	√	√

注：各项测评内容均合格即达标，在相应表格里画"√"或"×"。

测评员：　　　　　　　　记录时间：　　年　　月　　日

四、四级测评操作视频

四级测评操作视频

第六章

篮球课程学生运动能力五级测评

一、五级达标要求

4.2.5 五级达标要求

4.2.5.1 五级技能应符合表9的要求。

表 9 五级技能要求

测评内容		合格要求
单个技能	弧线移动接球投篮	男≥6 分
		女≥5 分
组合技能	按顺序完成：运球—传接球—持球突破—突破分球—投篮	男≤50 s
		女≤60 s

4.2.5.2 五级比赛应符合表10的要求。

表 10 五级比赛要求

测评内容	观测点[a]		合格要求[b]
5vs5 篮球赛	技术	运球	能在运球的同时保护球，并观察场上队友情况
		投篮	能利用投篮技术吸引防守
		传球	掌握双手胸前、单手肩上、击地等多种传球技术，能在基础技战术配合中传球
		摆脱对手	能在(有球、无球)移动中借助队友身体摆脱对手
		三威胁	能结合脚步运用三威胁姿势动作创造进攻优势
		抢篮板球	能通过预判、卡位、移动等争抢有利位置，并形成对球的控制
	战术	进攻技战术	能在突破对手后寻找有最佳进攻位置的队友，并传球至队友(突分)；传球后及时向篮筐移动，通过脚步获得位置优势(传切)；在移动中利用队友身体获得空间，并能利用空间获得球与处理球(策应/掩护)
		防守	能运用换防/补防/协防/关门/夹击防守对手
	体能	速度、力量、耐力	能持续跑动以参与比赛，反应敏捷，技术动作完成稳定，防守脚步积极

续表

测评内容	观测点[a]		合格要求[b]
5vs5 篮球赛	心智	争抢球	能利用身体、位置的优势争抢球
		鼓励队友	能在比分落后、进攻不畅时通过语言、肢体动作鼓励队友
		提醒队友	能通过语言、肢体动作提醒队友参与进攻或防守

[a] 获胜方的受测者自动累计 1 个观测点，达到 7 个及以上观测点合格为合格。
[b] 3 名测评员均判定合格为合格。

4.2.5.3 五级应符合表 9 和表 10 的要求。

解 读

（一）单个技能——弧线移动接球投篮

建议采用单手肩上投篮。应注意弧线移动后接球时脚步动作的规范与稳定；接球后，两膝微屈，重心落在两脚之间；注意起跳垂直向上，并与举球、出手动作协调一致，球在接近最高点时出手。（见图 6-1）

图 6-1 弧线移动接球投篮

（二）组合技能——运球—传接球—持球突破—突破分球—投篮

篮球五级组合技能要求受测者按顺序完成运球、传接球、持球突破、突破分球、投篮。

❶ 交叉步突破

持球突破依据动作结构可分为交叉步突破和顺步突破。以右脚做中枢脚为例，左脚以刺探步的动作向前方跨出半步，做向左突破的假动作，当对手重心向右移动时，左脚前脚掌内侧迅速蹬地，向对手左侧跨出一大步，同时上体右转探肩，贴近对手；球移至右手，向左脚右斜前方推放球，右脚迅速蹬地跨步，加速超越对手。（见图 6-2）

图 6-2　交叉步突破

❷ 突破分球

突破分球是持球队员突破对手后，遇到对方补防或协防时，及时将球传给进攻位置最佳的同伴进行攻击的一种配合方法。应注意在突破中动作要快速、突然，在突破中或突破后准备投篮的同时，注意观察攻守队员的位置变化，及时、准确地将球传给进攻位置更好的同伴。（见图 6-3）

图 6-3　突破分球

图 6-3 突破分球（续）

（三）5vs5 篮球赛

五级比赛观测点详见表 6-1。

表 6-1 五级比赛观测点

观测点	合格要求	解释说明
运球	能在运球的同时保护球，并观察场上队友情况	能够根据防守者的位置、动作，调整站位、运球方向等保护球，同时能观察场上情况并做出决策，例如面对紧逼防守时能够将球传给空位队友
投篮	能利用投篮技术吸引防守	能够结合比赛情况灵活调整投篮节奏和投篮选择，空位投篮具有一定命中率，能够通过自身投篮威胁为队友拉开空间
传球	掌握双手胸前、单手肩上、击地等多种传球技术，能在基础技战术配合中传球	能够面对不同的防守压迫选择合适的传球方式以及接球空间，灵活应用移动传接球、运球传球等组合动作
摆脱对手	能在（有球、无球）移动中借助队友身体摆脱对手	能够合理地借助队友身体，获得进攻空间，比如借助掩护等基础配合在（有球、无球）移动中摆脱防守
三威胁	能结合脚步运用三威胁姿势动作创造进攻优势	接球时能够主动做出规范的三威胁姿势动作，并能够运用交叉步、顺步、转身等脚步动作创造进攻优势
抢篮板球	能通过预判、卡位、移动等争抢有利位置，并形成对球的控制	能够通过判断落点、抢占位置、空中争抢等争夺来自篮板或篮圈上的反弹球，并在拿到球后发动进攻
进攻技战术	能在突破对手后寻找有最佳进攻位置的队友，并传球至队友（突分）；传球后及时向篮筐移动，通过脚步获得位置优势（传切）；在移动中利用队友身体获得空间，并能利用空间获得球与处理球（策应/掩护）	能在突破对手后寻找有最佳进攻位置的队友，并传球至队友（突分）；传球后及时向篮筐移动，通过脚步获得位置优势（传切）；在移动中利用队友身体获得空间，并能利用空间获得球与处理球（策应/掩护）

续表

观测点	合格要求	解释说明
防守	能运用换防/补防/协防/关门/夹击防守对手	能够结合团队防守策略选用多种防守技术，大多数时间内能灵活运用换防/补防/协防/关门/夹击持续盯防对手
速度、力量、耐力	能持续跑动以参与比赛，反应敏捷，技术动作完成稳定，防守脚步积极	完成比赛时，体能充沛，防守积极主动；能很好地适应比赛节奏，做好防守，组织进攻；运球、投篮、传球等技术动作稳定，防守脚步积极
争抢球	能利用身体、位置的优势争抢球	出现地滚球、传球失误、对手运球失误等情况时，能利用身体、位置等优势积极拼抢失去控制的球
鼓励队友	能在比分落后、进攻不畅时通过语言、肢体动作鼓励队友	能时刻保持积极的情绪，比分落后或者对抗激烈时没有出现退却现象，能够有效领导和激励队友
提醒队友	能通过语言、肢体动作提醒队友参与进攻或防守	能在场上时刻保持与队友的联系，能主动与队友进行沟通交流，通过语言、肢体动作提醒队友参与进攻或防守。如在阵地防守时，根据进攻方球的转移，提醒队友进行防守移动，在进攻方发生掩护配合时，能提醒队友及时换防

二、五级测评方法

（一）单个技能——弧线移动接球投篮

5.5.1　单个技能——弧线移动接球投篮

5.5.1.1　场地器材

测评场地、器材应按如下要求：
a)　场地：同5.3.1.1 a)；
b)　器材：女生用6号球2个按GB/T 22868的规定，男生用7号球2个按GB/T 22868的规定，篮筐上沿距离地面3.05 m，篮板规格尺寸1.80 m(长)×1.05 m(宽)，电子秒表1个，口哨1个。

5.5.1.2　测评员工作

测评工作应由2名测评员完成，其测评工作包括但不限于：
a)　1名辅助人员、2名测评员站立位置如图9所示；
b)　辅助人员宜采用击地传球至罚球线两端投篮区，1号测评员在发出指令的同时开始计时，并注意受测者是否按照要求测试，测试在1 min到结束；
c)　2号测评员负责计分，受测者在投篮区投中一球计1分；
d)　取2次中个人较好成绩。

5.5.1.3 测试步骤

受测者测试步骤如下:
a) 受测者应位于开始区,举手示意准备测试,如图9所示;
b) 听到指令开始测试,应沿罚球半圆区的弧线向投篮区移动,在投篮区接辅助人员击地传球并进行投篮,投篮后返回至开始区准备下一次投篮,在罚球线两端投篮区交替投篮,测试应在1 min 时间到结束;
c) 应在罚球线两端的投篮区交替进行12次投篮。

每名受测者2次测试机会,第一次测试结束后应在30 s 内开始第二次测试。

单位为米

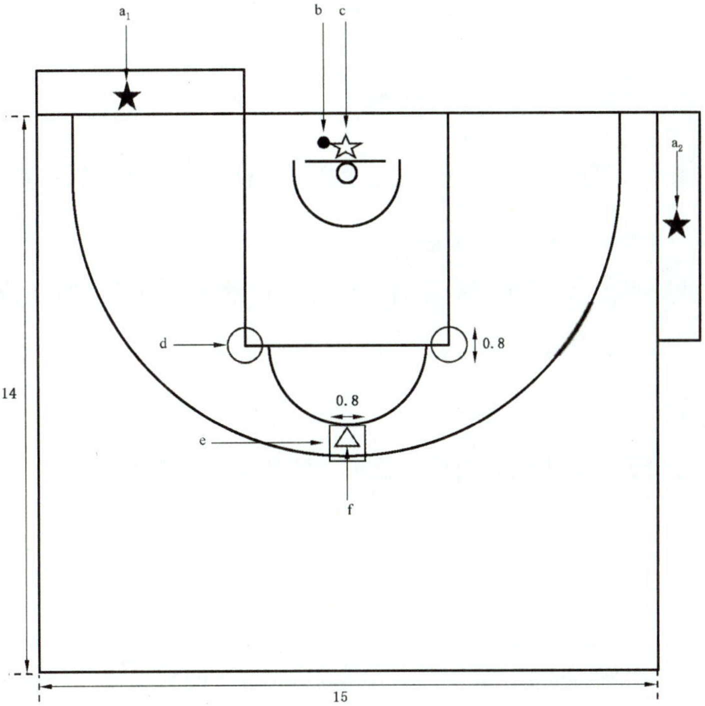

标引序号说明:
a_1、a_2——测评员位置; d——投篮区;
b ——篮球; e——开始区;
c ——辅助人员位置; f——受测者位置。

图 9 弧线移动接球投篮测试示意图

《篮球课程学生运动能力测评规范》解读

解 读

1 场地器材

同三级测评单个技能场地器材要求。

2 测评员工作

测评工作共由 2 名测评员完成，2 名测评员的站位如图 9 所示。具体任务分工如下。

1 号测评员：

（1）站于图示位置附近，检查受测者的测评信息，并引导受测者进入投篮区；

（2）向受测者再次确认测试要求；

（3）当受测者发出准备就绪示意后，测评员在发出指令的同时开始计时，并注意受测者是否按照要求测试，测试在 1 min 时间到结束。

2 号测评员：

（1）负责计分，受测者每在投篮区投中一球计 1 分；

（2）取受测者 2 次测试中的个人较好成绩。

3 测试步骤

受测者应在测试前明确"单个技能——弧线移动接球投篮"测试的具体要求，并严格按照以下步骤完成测试。每名受测者 2 次测试机会。

具体测试步骤如下：

（1）受测者应位于开始区，举手示意准备测试，如图 9 所示；

（2）听到指令开始测试，应沿罚球半圆区的弧线向投篮区移动，在投篮区接辅助人员击地传球并进行投篮，投篮后返回至开始区准备下一次投篮，在罚球线两端投篮区交替投篮；

（3）应在罚球线两端的投篮区交替进行 12 次投篮，测试应在 1 min 时间到结束；

（4）每名受测者 2 次测试机会，如第一次测试失败，应于 30 s 内开始第二次测试。

4 辅助人员工作

（1）辅助人员应结合受测者实际以及测试情况，在进行击地传球时确保合适的传球力度与时机。

（2）辅助人员应做到动作技术规范，体态姿势端正；

（3）建议增加 1 名辅助人员，2 名辅助人员需明确分工、讲求默契，1 名负责传球，1 名负责捡球。

（二）组合技能——运球—传接球—持球突破—突破分球—投篮

5.5.2 组合技能——运球—传接球—持球突破—突破分球—投篮

5.5.2.1 场地器材

测评场地、器材应按如下要求：
a) 场地：同 5.3.2.1 a）；
b) 器材：女生用 6 号球 1 个按 GB/T 22868 的规定，男生用 7 号球 1 个按 GB/T 22868 的规定，篮筐上沿距离地面 3.05 m，篮板规格尺寸 1.80 m（长）×1.05 m（宽），传球挡板 2 个，传球框 2 个，电子秒表 1 个，口哨 1 个。

5.5.2.2 测评员工作

测评工作应由 2 名测评员完成，其测评工作包括但不限于：
a) 2 名测评员站立位置如图 10 所示；
b) 1 号测评员在发出指令的同时开始计时，在受测者最后运球超越底线时停止计时；
c) 2 号测评员记录受测者未按测试要求的动作行为和违例行为（带球走、两次运球、出界等）；
d) 出现 1 次未按测试要求的动作行为总测试时间累计增加 1 s，出现 1 次违例行为总测试时间累计增加 3 s，出现 2 次及以上违例行为或不按规定路线进行则测试不合格；
e) 取 2 次中个人较好成绩。

5.5.2.3 测试步骤

受测者测试步骤如下：
a) 受测者应持球位于出发区，举手示意准备测试，如图 10 所示；
b) 听到指令开始测试，应采用外侧手运球至动作区域①，脚踩动作区域做体前变向运球并推进至动作区域②，脚踩动作区域做胯下变向运球并推进至动作区域③，脚踩动作区域做背后变向运球，继续推进，传球至传球挡板后向篮下切入，移动中接传球挡板的反弹球后，脚踩动作区域持

球交叉步突破,运球进入下一动作区域后传球至传球框,并沿底线跑动至球架处拿球进行原地单手肩上投篮;

c) 投篮命中(或补篮命中)后应自抢篮板球,按照上述要求在球场另一侧完成测试内容,投篮命中后运球超越底线,测试结束。

每名受测者2次测试机会,第一次测试结束后应在30 s内开始第二次测试。

单位为米

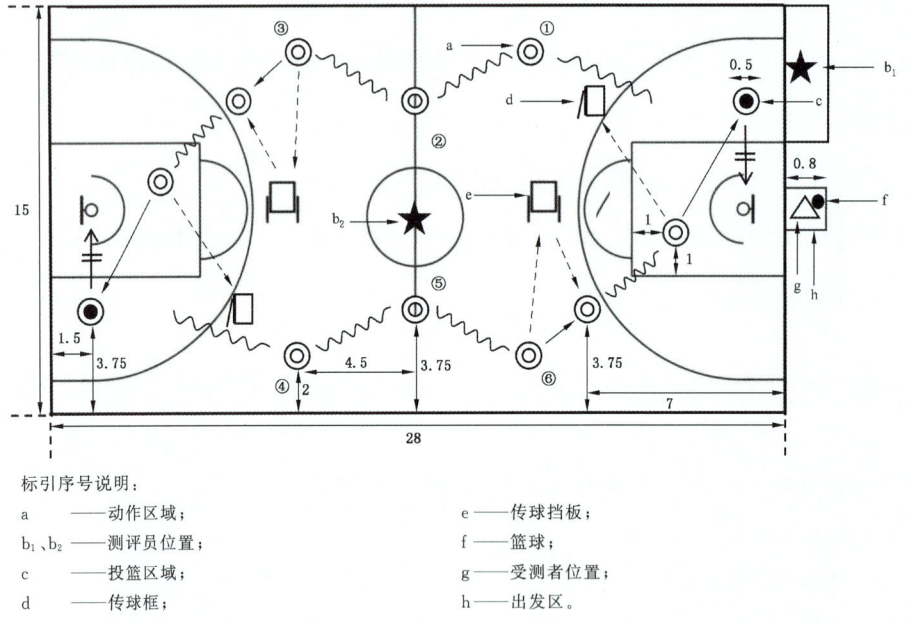

标引序号说明:
a——动作区域;
b_1、b_2——测评员位置;
c——投篮区域;
d——传球框;
e——传球挡板;
f——篮球;
g——受测者位置;
h——出发区。

图10 运球—传接球—持球突破—突破分球—投篮测试示意图

解读

1 场地器材

同三级测评组合技能场地器材要求。

2 测评员工作

测评工作共由2名测评员完成,2名测评员的站位如图10所示。具体任务分工如下。

1号测评员：

（1）站于图示位置附近，检查受测者的测评信息，并引导受测者进入出发区；

（2）向受测者再次确认测试要求；

（3）当受测者发出准备就绪示意后，测评员在发出指令的同时开始计时，在受测者最后运球超越底线时停止计时。

2号测评员：

（1）负责记录受测者未按测试要求的动作行为和违例行为（带球走、两次运球、出界等）；

（2）出现1次未按测试要求的动作行为总测试时间累计增加1 s，出现1次违例行为总测试时间累计增加3 s，出现2次及以上违例行为或不按照规定路线进行则测试不合格；

（3）取受测者2次测试中的个人较好成绩。

3 测试步骤

受测者应在测试前明确"组织技能——运球—传接球—持球突破—突破分球—投篮"测试的具体要求，并严格按照以下步骤完成测试。每名受测者2次测试机会。

具体测试步骤如下：

（1）受测者应持球位于出发区，举手示意准备测试，如图10所示；

（2）听到指令开始测试，应采用外侧手运球至动作区域①，脚踩动作区域做体前变向运球并推进至动作区域②，脚踩动作区域做胯下变向运球并推进至动作区域③，脚踩动作区域做背后变向运球，继续推进，传球至传球挡板后向篮下切入，移动中接传球挡板的反弹球后，脚踩动作区域持球交叉步突破，运球进入下一动作区域后传球至传球框，并沿底线跑动至球架处拿球进行原地单手肩上投篮；

（3）投篮命中（或补篮命中）后应自抢篮板球，按照上述要求在球场另一侧完成测试内容，投篮命中后运球超越底线，测试结束；

（4）每名受测者2次测试机会，如第一次测试失败，应于30 s内开始第二次测试。

《篮球课程学生运动能力测评规范》解读

④ 辅助人员工作

（1）辅助人员应结合受测者实际，传球应注意采用适当的方式（击地传球或双手胸前传球）、力度、时机等；

（2）辅助人员应做到动作技术规范，体态姿势端正；

（3）辅助人员在图示位置附近，需灵活调整站位，避免阻碍受测者移动。

（三）5vs5 篮球赛

5.5.3　5vs5 篮球赛

5.5.3.1　场地器材

测评场地、器材要求同 5.3.3.1。

5.5.3.2　测评员工作

测评工作应由 3 名测评员完成，其测评工作包括但不限于：

a） 3 名测评员位于一侧边线处，按照 5vs5 篮球赛合格要求对受测者进行测评；
b） 赛前，测评员按照性别将受测者区分后通过抽签组队，每队 5 人。

5.5.3.3　测试步骤

受测者测试步骤如下：

a） 受测者 5 人一组，进行 5vs5 比赛，3 名裁判员参考《篮球规则（2022）》进行执裁；
b） 在符合规定的测评场地内，按照篮球规则进行比赛，两队以跳球的方式决定首个球权；
c） 比赛时长为净时间 10 min 或任何一队得分 21 分（或以上）。

解读

① 场地器材

同三级比赛场地器材要求。

② 测评员工作

测评工作共由 3 名裁判员和 3 名测评员完成，3 名测评员位于一侧边线处。具体任务分工如下。

裁判员：

参考《篮球规则（2022）》对"5vs5 篮球赛"进行执裁。

1 号、2 号测评员：

（1）负责记录受测者比赛中观测点的合格情况；

（2）对受测者比赛中观测点的合格情况进行汇总。

3 号测评员：

（1）负责记录受测者比赛中观测点的合格情况；

（2）对受测者比赛中观测点的合格情况进行汇总；

（3）组织 3 名测评员决议受测者该项测评内容是否合格。

❸ 测试步骤

受测者应在测试前明确"5vs5 篮球赛"测试的具体要求，并严格按照以下步骤完成测试。

具体测试步骤如下：

（1）受测者 5 人一组，进行 5vs5 比赛；

（2）在符合规定的测评场地内，按照篮球规则进行比赛，两队以跳球的方式决定首个球权；

（3）比赛时长为净时间 10 min，或任何一队得分 21 分（或以上）比赛结束。

❹ 比赛结果出现平局的建议

"5vs5 篮球赛"合格要求中规定"获胜方的受测者自动累计 1 个观测点"。如在计时结束出现平局，比赛两队的受测者均不累计增加观测点。

三、五级测评工具

（一）成绩记录表

1 单个技能——弧线移动接球投篮

（1）2号测评员根据1号测评员的示意进行受测者投篮得分的统计，使用"五级单个技能成绩记录表"（见表6-2）进行记录；

（2）一张记录表可记录多名受测者的测试成绩，1分用"●"的方式标记；

（3）受测者测试成绩达到合格要求为合格。

表6-2 五级单个技能成绩记录表

姓名	性别	得分												合格
×××	男	●	●	3	●	5	●	●	●	9	●	●	12	√
		1	2	3	4	5	6	7	8	9	10	11	12	
		1	2	3	4	5	6	7	8	9	10	11	12	
注：根据受测者表现进行成绩记录，并在相应表格里画"√"或"×"。															
测评员：								记录时间： 年 月 日						

2 组合技能——运球—传接球—持球突破—突破分球—投篮

（1）根据1号测评员的示意，2号测评员负责使用"五级组合技能成绩记录表"（见表6-3）进行受测者组合技能成绩的记录；

（2）一张记录表可记录多名受测者的测试成绩；

（3）受测者测试成绩达到合格要求为合格。

第六章
篮球课程学生运动能力五级测评

表 6-3　五级组合技能成绩记录表

姓名	性别	测试时间/s	未按测试要求的动作行为增加时间/s 未换手运球/未胯下变向运球/未背后变向运球	违例增加时间/s 走步	违例增加时间/s 两次运球	违例增加时间/s 出界	违例增加时间/s 携带球	违例增加时间/s 脚踢球	总测试时间（测试时间+增加时间）/s	两次及以上违例或未按规定路线进行	合格
×××	男	42			+3				45		√

注：根据受测者表现进行成绩记录，并在相应表格里画"√"或"×"。

测评员：	记录时间：　　年　　月　　日

❸ 5vs5 篮球赛

（1）3 名测评员分别使用"五级比赛成绩记录表"（见表 6-4）记录受测者比赛中观测点的合格情况；

（2）3 名测评员分别对受测者比赛中观测点的合格情况进行汇总；

（3）3 号测评员负责组织 3 名测评员决议受测者该项测评内容是否合格。

表 6-4　五级比赛成绩记录表

姓名	观测点		合格要求	合格情况	胜/负	观测点累计	合格情况
×××	技术	运球	能在运球的同时保护球，并观察场上队友情况	√	√	10	√
		投篮	能利用投篮技术吸引防守	√			
		传球	掌握双手胸前、单手肩上、击地等多种传球技术，能在基础技战术配合中传球	√			
		摆脱对手	能在（有球、无球）移动中借助队友身体摆脱对手	√			
		三威胁	能结合脚步运用三威胁姿势动作创造进攻优势	×			
		抢篮板球	能通过预判、卡位、移动等争抢有利位置，并形成对球的控制	×			

81

续表

姓名	观测点		合格要求	合格情况	胜/负	观测点累计	合格情况
×××	战术	进攻技战术	能在突破对手后寻找有最佳进攻位置的队友，并传球至队友（突分）；传球后及时向篮筐移动，通过脚步获得位置优势（传切）；在移动中利用队友身体获得空间，并能利用空间获得球与处理球（策应/掩护）	√	√	10	√
		防守	能运用换防/补防/协防/关门/夹击守对手	√			
	体能	速度、力量、耐力	能持续跑动以参与比赛，反应敏捷，技术动作完成稳定，防守脚步积极	×			
	心智	争抢球	能利用身体、位置的优势争抢球	√			
		鼓励队友	能在比分落后、进攻不畅时通过语言、肢体动作鼓励队友	√			
		提醒队友	能通过语言、肢体动作提醒队友参与进攻或防守	√			

1. 获胜方的受测者自动累计1个观测点，达到7个及以上观测点合格为合格。
2. 3名测评员均判定合格为合格。

注：根据受测者表现进行成绩记录，并在相应表格里画"√"或"×"。

测评员：	记录时间： 年 月 日

（二）达标记录表

测评员应根据每名受测者各项测评内容的合格情况，对其达标情况做出评判。各项测评内容均合格为达标。五级测评达标记录表如表6-5所示。

表 6-5　五级测评达标记录表

姓名	各项测评内容合格情况			达标情况
	单个技能——弧线移动接球投篮	组合技能——运球—传接球—持球突破—突破分球—投篮	5vs5 篮球赛	
×××	√	√	√	√

注：各项测评内容均合格即达标，在相应表格里画"√"或"×"。

测评员：　　　　　　　　记录时间：　　年　　月　　日

四、五级测评操作视频

五级测评操作视频

第七章

篮球课程学生运动能力六级测评

一、六级达标要求

4.2.6 六级达标要求

4.2.6.1 六级技能应符合表11的要求。

表 11　六级技能要求

测评内容	测评内容	合格要求
单个技能	1 min 自投自抢	男≥6分
		女≥5分
组合技能	按顺序完成:运球—传球—空切—掩护—接球突破—行进间投篮	男≤50 s
		女≤60 s

4.2.6.2 六级比赛应符合表12的要求。

表 12　六级比赛要求

测评内容	观测点[a]	观测点[a]	合格要求[b]
5vs5 篮球赛	技术	运球	能在运球保护好球的同时,从容地观察场上情况,并与队友进行沟通
		投篮	能利用投篮技术吸引防守
		传球	掌握双手胸前、单手肩上、击地等多种传球技术,能在基础技战术配合中传球
		摆脱对手	能在(有球、无球)移动中借助队友身体摆脱对手,并通过选位限制对手
		三威胁	能结合脚步运用三威胁姿势动作创造并利用进攻优势
		抢篮板球	在通过预判、卡位、移动等争抢、控制篮板球后,能快速处理球
		抢断球	能合理预判,在不失去位置的前提下进行抢断球

第 七 章
篮球课程学生运动能力六级测评

续表

测评内容	观测点[a]	合格要求[b]
5vs5 篮球赛	战术 — 进攻技战术	能在突破对手后寻找有利进攻位置的队友,并传球至队友(突分);传球后及时向篮筐移动,通过脚步获得位置优势(传切);在移动中利用队友身体获得空间,并能利用空间获得球与处理球(策应/掩护)
	战术 — 防守	能运用换防/协防/关门/夹击或盯人/联防等技战术或策略防守对手
	体能 — 速度、力量、耐力	能持续跑动以参与比赛,反应敏捷,技术动作完成稳定,积极进行身体对抗
	心智 — 争抢球	能利用身体、位置的优势争抢球
	心智 — 鼓励队友	能在比分落后、进攻不畅时通过语言、肢体动作鼓励队友
	心智 — 提醒队友	能通过语言、肢体动作提醒队友参与进攻或防守

[a] 获胜方的受测者自动累计 1 个观测点,达到 8 个及以上观测点合格为合格。
[b] 3 名测评员均判定合格为合格。

4.2.6.3 六级应符合表 11 和表 12 的要求。

解读

(一) 单个技能——1 min 自投自抢

建议采用单手肩上投篮。投篮时屈膝屈髋、蹬地发力,增加投篮力量。投篮后快速抢到篮板球运球至投篮线外(不能踩线)进行下一次投篮。

(二) 组合技能——运球—传球—空切—掩护—接球突破—行进间投篮

篮球六级组合技能要求受测者按顺序完成运球、传球、空切、掩护、接球突破、行进间投篮。

1 空切

空切是指无球队员掌握时机摆脱对手,切向防守空隙区域接球投篮或做其他进攻配合。受测者根据测试要求进行战术移动,注意在快速跑动中脚步的运用,快速切出底线时两步急停同时转身面朝篮筐。(见图 7-1)

图 7-1　空切

❷ 掩护

掩护配合的形式和变化很多，从组成掩护配合的行动看，一是掩护者主动给同伴做掩护，使同伴借以摆脱防守；二是摆脱者主动移动，利用同伴的身体位置将对手挡住，使自己摆脱防守。应注意受测者要围绕辅助人员切入篮下，利用辅助人员的身体位置进行后续的组合动作。（见图 7-2）

图 7-2　掩护

（三）5vs5 篮球赛

六级比赛观测点详见表 7-1。

第七章

篮球课程学生运动能力六级测评

表7-1 六级比赛观测点

观测点	合格要求	解释说明
运球	能在运球保护好球的同时，从容地观察场上情况，并与队友进行沟通	能利用身体、速度以及各种运球技术对球进行有效控制，带球移动时技术娴熟、身体协调，能有效衔接其他技术动作，如能够通过运球移动打乱防守阵型，遇到包夹、协防能分球给队友
投篮	能利用投篮技术吸引防守	投篮技术动作稳定，具有一定的投篮威胁，能把握住投篮机会，投篮时机选择合理，投篮技术娴熟，能有效与脚步动作相结合
传球	掌握双手胸前、单手肩上、击地等多种传球技术，能在基础技战术配合中传球	能在进攻中利用传接球与队友有效配合，传球动作选择合理，传球时机精妙，如在阵地进攻中，可以利用传接球调动防守将球打进
摆脱对手	能在（有球、无球）移动中借助队友身体摆脱对手，并通过选位限制对手	能利用速度的变换、反跑等技术动作或通过队友配合摆脱防守并获得进攻机会，如在阵地进攻中，通过篮下溜底或借助无球掩护获得进攻机会
三威胁	能结合脚步运用三威胁姿势动作创造并利用进攻优势	接球时能做出三威胁动作，冷静观察场上队友及对手的位置，除非有非常好的机会，否则不会轻易运球；在遇到紧逼防守时，能尽可能放低球在腹部或髋部，俯下身子并利用脚步寻找空间
抢篮板球	在通过预判、卡位、移动等争抢、控制篮板球后，能快速处理球	具有积极拼抢篮板球的意识，能在对手投篮后积极背身卡位，在控制住篮板球后，能把握进攻机会快速处理球，如获得防守篮板球能及时传给快攻的队友；获得进攻篮板球时能及时寻找、把握二次进攻的机会
抢断球	能合理预判，在不失去位置的前提下进行抢断球	在防守时能结合脚步、抢断球等技术破坏对手进攻节奏或直接发生攻守转换
进攻技战术	能在突破对手后寻找有利进攻位置的队友，并传球至队友（突分）；传球后及时向篮筐移动，通过脚步获得位置优势（传切）；在移动中利用队友身体获得空间，并能利用空间获得球与处理球（策应/掩护）	能够根据对手的情况有效进行战术移动，主动运用传切、掩护等配合，完成技术动作，较为有效地完成进攻或防守任务
防守	能运用换防/补防/协防/关门/夹击或盯人/联防等技战术或策略防守对手	在防守时保持与队友的联系，能及时根据进攻变化选择相应的防守策略，如在阵地防守时能根据球的转移进行防守收缩，当对手运球到边线或底线时能及时与队友进行包夹
速度、力量、耐力	能持续跑动以参与比赛，反应敏捷，技术动作完成稳定，积极进行身体对抗	完成比赛时，体能充沛，防守积极主动；能很好地掌控比赛节奏，做好防守，组织进攻；突破时主动寻找身体对抗，在激烈对抗中能将球打进，运球、投篮技术动作稳定流畅

续表

观测点	合格要求	解释说明
争抢球	能利用身体、位置的优势争抢球	能利用身体、位置等优势积极拼抢失去控制的球，如出现地滚球、传球失误后，或当对手运球失误后能进行拼抢
鼓励队友	能在比分落后、进攻不畅时通过语言、肢体动作鼓励队友	能时刻保持积极的情绪，比分落后或者对抗激烈时没有出现退却现象，能够有效领导和激励队友
提醒队友	能通过语言、肢体动作提醒队友参与进攻或防守	能在场上时刻保持与队友的联系，能主动与队友进行沟通交流，能通过语言、肢体动作提醒队友参与进攻或防守。如在阵地防守时，能根据进攻方球的转移，提醒队友进行防守移动；在进攻方发生掩护配合时，能提醒队友及时换防

二、六级测评方法

（一）单个技能——1 min 自投自抢

5.6.1 单个技能——1 min 自投自抢

5.6.1.1 场地器材

测评场地、器材要求同 5.3.1.1。

5.6.1.2 测评员工作

测评工作应由 2 名测评员完成，其测评工作包括但不限于：

a) 2 名测评员站立位置如图 11 所示；
b) 1 号测评员在发出指令的同时开始计时，并注意受测者是否按照要求测试，测试在 1 min 时间到结束；
c) 2 号测评员负责计分，受测者在投篮线外投中一球计 1 分，三分线外投中一球计 2 分；
d) 取 2 次中个人较好成绩。

5.6.1.3 测试步骤

受测者测试步骤如下：

a) 受测者应持球在投篮线外，举手示意准备测试，如图 11 所示；
b) 听到指令开始测试，应采取原地单手肩上投篮或原地双手胸前投篮，投篮（不应踩线）后应自抢篮板球运球移动至投篮线外进行下一次投篮，测试应在 1 min 时间到结束。

每名受测者 2 次测试机会，第一次测试结束后应在 30 s 内开始第二次测试。

第 七 章
篮球课程学生运动能力六级测评

单位为米

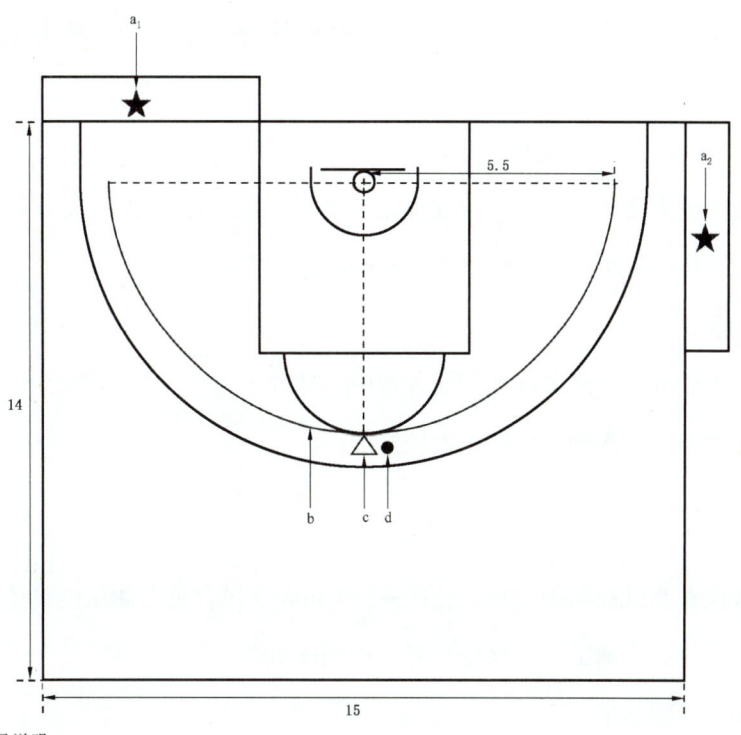

标引序号说明：
a_1、a_2——测评员位置；
b ——投篮线；
c ——受测者位置；
d ——篮球。

图 11　1 min 自投自抢测试示意图

解 读

1 场地器材

同三级测评单个技能场地器材要求。

2 测评员工作

测评工作共由 2 名测评员完成，2 名测评员的站位如图 11 所示。具体任务分工如下。

《篮球课程学生运动能力测评规范》解读

1号测评员：

（1）站于图示位置附近，检查受测者的测评信息，并引导受测者进入投篮线外任意位置；

（2）向受测者再次确认测试要求；

（3）当受测者发出准备就绪示意后，测评员在发出指令的同时开始计时，并注意受测者是否按照要求测试，测试在 1 min 时间到结束。

2号测评员：

（1）负责计分，受测者在投篮线外投中一球计 1 分，三分线外投中一球计 2 分；

（2）取受测者 2 次测试中的个人较好成绩。

3 测试步骤

受测者应在测试前明确"单个技能——1 min 自投自抢"测试的具体要求，并严格按照以下步骤完成测试。每名受测者 2 次测试机会。

具体测试步骤如下：

（1）受测者应持球在投篮线外，举手示意准备测试，如图 11 所示；

（2）听到指令开始测试，应采取原地单手肩上投篮或原地双手胸前投篮，投篮（不应踩线）后应自抢篮板球运球移动至投篮线外进行下一次投篮，测试应在 1 min 到结束。

（3）每名受测者 2 次测试机会，如第一次测试失败，应于 30 s 内开始第二次测试。

（二）组合技能：运球—传球—空切—掩护—接球突破—行进间投篮

5.6.2 组合技能——运球—传球—空切—掩护—接球突破—行进间投篮

5.6.2.1 场地器材

测评场地、器材应按如下要求：

a) 场地：同 5.3.2.1 a)；
b) 器材：女生用 6 号球 1 个按 GB/T 22868 的规定，男生用 7 号球 1 个按 GB/T 22868 的规定，篮筐上沿距离地面 3.05 m，篮板规格尺寸 1.80 m(长)×1.05 m(宽)，电子秒表 1 个，口哨 1 个。

5.6.2.2 测评员工作

测评工作应由 2 名测评员完成,其测评工作包括但不限于:
a) 2 名辅助人员、2 名测评员站立位置如图 12 所示;
b) 辅助人员采用击地传球给受测者,1 号测评员在发出指令的同时开始计时,在受测者最后运球超越底线时停止计时;
c) 2 号测评员记录受测者未按测试要求的动作行为和违例行为(带球走、两次运球、出界等);
d) 出现 1 次未按测试要求的动作行为总测试时间累计增加 1 s,出现 1 次违例行为总测试时间累计增加 3 s,出现 2 次及以上违例行为或不按规定路线进行则测试不合格;
e) 取 2 次中个人较好成绩。

5.6.2.3 测试步骤

受测者测试步骤如下:
a) 受测者应持球位于出发区,举手示意准备测试,如图 12 所示;
b) 听到指令开始测试,应采用外侧手运球至动作区域①,脚踩动作区域做体前变向运球并推进至动作区域②,脚踩动作区域做胯下变向运球并推进至动作区域③,脚踩动作区域做背后变向运球,继续推进,运球到达三分线位置处传球至辅助人员后,空切弧线跑(需脚踩限制区内的动作区域)至右侧底角三分动作区域处,随后紧贴辅助人员掩护后向篮下切入,接辅助人员传球并进行行进间投篮;
c) 投篮命中(或补篮命中)后应自抢篮板球,按照上述要求在球场另一侧完成测试内容,投篮命中后运球超越底线,测试结束。

每名受测者 2 次测试机会,第一次测试结束后应在 30 s 内开始第二次测试。

单位为米

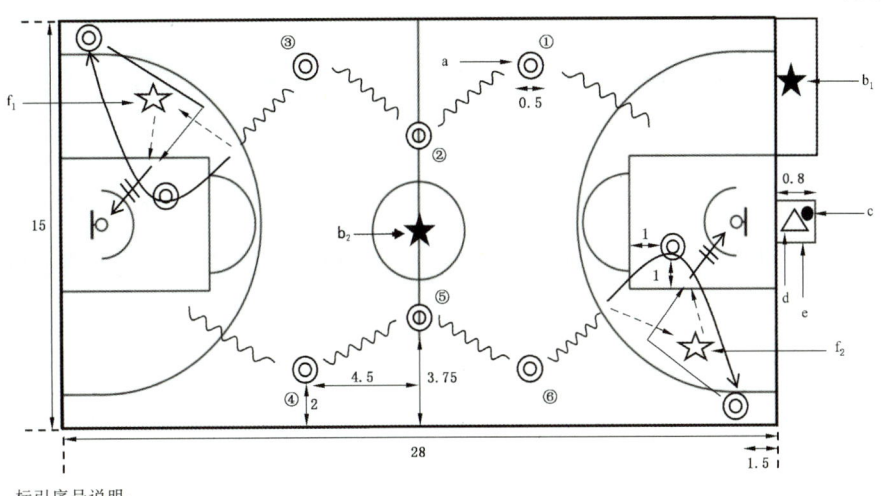

标引序号说明:
a ——动作区域;
b_1、b_2 ——测评员位置;
c ——篮球;
d ——受测者位置;
e ——出发区;
f_1、f_2 ——辅助人员位置。

图 12 运球—传球—空切—掩护—接球突破—行进间投篮测试示意图

《篮球课程学生运动能力测评规范》解读

解 读

1 场地器材

同三级测评组合技能场地器材要求。

2 测评员工作

测评工作共由 2 名测评员完成，2 名测评员的站位如图 12 所示。具体任务分工如下。

1 号测评员：

（1）站于图示位置附近，检查受测者的测评信息，并引导受测者进入出发区；

（2）向受测者再次确认测试要求；

（3）当受测者发出准备就绪示意后，测评员在发出指令的同时开始计时，在受测者最后运球超越底线时停止计时。

2 号测评员：

（1）负责记录受测者未按测试要求的动作行为和违例行为（带球走、两次运球、出界等）；

（2）出现 1 次未按测试要求的动作行为总测试时间累计增加 1 s，出现 1 次违例行为总测试时间累计增加 3 s，出现 2 次及以上违例行为或不按照规定路线进行则测试不合格；

（3）取受测者 2 次测试中的个人较好成绩。

3 测试步骤

受测者应在测试前明确"组合技能——运球—传球—空切—掩护—接球突破—行进间投篮"测试的具体要求，并严格按照以下步骤完成测试。每名受测者 2 次测试机会。

具体测试步骤如下：

（1）受测者应持球位于出发区，举手示意准备测试，如图 12 所示；

（2）听到指令后开始测试，应采用外侧手运球至动作区域①，脚踩动作区域做体前变向运球并推进至动作区域②，脚踩动作区域做胯下变向运球并推进至动作区域③，脚踩动作区域做背后变向运球，继续推进，运球到达三分线位置处传球至辅助人员后，空切弧线跑（需脚踩限制区内的动作区域）至右侧底角三分动作区域处，随后紧贴辅助人员掩护后向篮下切入，接辅助人员传球并进行行进间投篮；

（3）投篮命中（或补篮命中）后应自抢篮板球，按照上述要求在球场另一侧完成测试内容，投篮命中后运球超越底线，测试结束；

（4）每名受测者 2 次测试机会，如第一次测试失败，应于 30 s 内开始第二次测试。

4 辅助人员工作

（1）辅助人员应结合受测者实际，传球应注意采用适当的方式（击地传球或双手胸前传球）、力度、时机等；

（2）辅助人员应做到动作技术规范，体态姿势端正。

（3）辅助人员在罚球线附近，需灵活调整站位，避免阻碍受测者移动。

（三）5vs5 篮球赛

5.6.3　5vs5 篮球赛

5.6.3.1　场地器材

测评场地、器材要求同 5.3.3.1。

5.6.3.2　测评员工作

测评工作应由 3 名测评员完成，其测评工作包括但不限于：
a) 3 名测评员位于一侧边线处，按照 5vs5 篮球赛合格要求对受测者进行测评；
b) 赛前，测评员按照性别将受测者区分后通过抽签组队，每队 5 人。

5.6.3.3　测试步骤

受测者测试步骤如下：
a) 受测者 5 人一组，进行 5vs5 比赛，3 名裁判员参考《篮球规则（2022）》进行执裁；
b) 在符合规定的测评场地内，按照篮球规则进行比赛，两队以跳球的方式决定首个球权；
c) 比赛时长为净时间 10 min 或任何一队得分 21 分（或以上）。

《篮球课程学生运动能力测评规范》解读

解 读

① 场地器材

同三级比赛场地器材要求。

② 测评员工作

测评工作共由3名裁判员和3名测评员完成，3名测评员位于一侧边线处。具体任务分工如下。

裁判员：

参考《篮球规则（2022）》对"5vs5篮球赛"进行执裁。

1号、2号测评员：

（1）负责记录受测者比赛中观测点的合格情况；

（2）对受测者比赛中观测点的合格情况进行汇总。

3号测评员：

（1）负责记录受测者比赛中观测点的合格情况；

（2）对受测者比赛中观测点的合格情况进行汇总；

（3）组织3名测评员决议受测者该项测评内容是否合格。

③ 测试步骤

受测者应在测试前明确"5vs5篮球赛"测试的具体要求，并严格按照以下步骤完成测试。

具体测试步骤如下：

（1）受测者5人一组，进行5vs5比赛；

（2）在符合规定的测评场地内，按照篮球规则进行比赛，两队以跳球的方式决定首个球权；

（3）比赛时长为净时间10 min，或任何一队得分21分（或以上）比赛结束。

第 七 章
篮球课程学生运动能力六级测评

❹ 比赛结果出现平局的建议

"5vs5 篮球赛"合格要求中规定"获胜方的受测者自动累计 1 个观测点"。如在计时结束出现平局，比赛两队的受测者均不累计增加观测点。

三、六级测评工具

（一）成绩记录表

❶ 单个技能——1 min 自投自抢

（1）2 号测评员根据 1 号测评员的示意进行受测者投篮得分的统计，使用"六级单个技能成绩记录表"（见表 7-2）进行记录；

（2）一张记录表可记录多名受测者的测试成绩，1 分用"●"的方式标记，2 分用由左上至右下的"\"的方式标记；

（3）受测者测试成绩达到合格要求为合格。

表 7-2 六级单个技能成绩记录表

姓名	性别	得分													合格
×××	女	●	●	3	4	5	6	7	8	9	10	11	12	13	14	×
		1	2	3	4	5	6	7	8	9	10	11	12	13	14	
		1	2	3	4	5	6	7	8	9	10	11	12	13	14	

注：根据受测者表现进行成绩记录，并在相应表格里画"√"或"×"。

测评员： 记录时间： 年 月 日

❷ 组合技能——运球—传球—空切—掩护—接球突破—行进间投篮

（1）根据 1 号测评员的示意，2 号测评员负责使用"六级组合技能成绩记录表"（见表 7-3）进行受测者组合技能成绩的记录；

（2）一张记录表可记录多名受测者的测试成绩；

（3）受测者测试成绩达到合格要求为合格。

95

《篮球课程学生运动能力测评规范》解读

表 7-3　六级组合技能成绩记录表

姓名	性别	测试时间/s	未按测试要求的动作行为增加时间/s 未换手运球	违例增加时间/s 走步	两次运球	出界	携带球	脚踢球	总测试时间（测试时间+增加时间）/s	两次及以上违例或未按规定路线进行	合格
×××	女	49			+3				52		√

注：根据受测者表现进行成绩记录，并在相应表格里画"√"或"×"。

测评员：　　　　　　　　　　　　记录时间：　　　年　　月　　日

❸ 5vs5 篮球赛

（1）3 名测评员分别使用"六级比赛成绩记录表"（见表 7-4）记录受测者比赛中观测点的合格情况；

（2）3 名测评员分别对受测者比赛中观测点的合格情况进行汇总；

（3）3 号测评员负责组织 3 名测评员决议受测者该项测评内容是否合格。

表 7-4　六级比赛成绩记录表

姓名	观测点		合格要求	合格情况	胜/负	观测点累计	合格情况
×××	技术	运球	能在运球保护好球的同时，从容地观察场上情况，并与队友进行沟通	√	√	8	√
		投篮	能利用投篮技术吸引防守	√			
		传球	掌握双手胸前、单手肩上、击地等多种传球技术，能在基础技战术配合中传球	√			
		摆脱对手	能在（有球、无球）移动中借助队友身体摆脱对手，并通过选位限制对手	√			
		三威胁	能结合脚步运用三威胁姿势动作创造并利用进攻优势	×			
		抢篮板球	在通过预判、卡位、移动等争抢、控制篮板球后，能快速处理球	×			
		抢断球	能合理预判，在不失去位置的前提下进行抢断球	√			

第 七 章
篮球课程学生运动能力六级测评

续表

姓名	观测点		合格要求	合格情况	胜/负	观测点累计	合格情况
×××	战术	进攻战术	能在突破对手后寻找有利进攻位置的队友，并传球至队友（突分）；传球后及时向篮筐移动，通过脚步获得位置优势（传切）；在移动中利用队友身体获得空间，并能利用空间获得球与处理球（策应/掩护）	√	√	8	√
		防守	能运用换防/补防/协防/关门/夹击或盯人/联防等技战术或策略防守对手	√			
	体能	速度、力量、耐力	能持续跑动以参与比赛，反应敏捷，技术动作完成稳定，积极进行身体对抗	×			
	心智	争抢球	能利用身体、位置的优势争抢球	×			
		鼓励队友	能在比分落后、进攻不畅时通过语言、肢体动作鼓励队友	×			
		提醒队友	能通过语言、肢体动作提醒队友参与进攻或防守	×			
1. 获胜方的受测者自动累计1个观测点，达到8个及以上观测点合格为合格。 2. 3名测评员均判定合格为合格。							
注：根据受测者表现进行成绩记录，并在相应表格里画"√"或"×"。							
测评员：				记录时间： 年 月 日			

（二）达标记录表

测评员应根据每名受测者各项测评内容的合格情况，对其达标情况做出评判。各项测评内容均合格为达标。六级测评达标记录表如表7-5所示。

表7-5 六级测评达标记录表

| 姓名 | 各项测评内容合格情况 ||| 达标情况 |
	单个技能——1min自投自抢	组合技能——运球—传球—空切—掩护—接球突破—行进间投篮	5vs5篮球赛	
×××	×	√	√	×
注：各项测评内容均合格即达标，在相应表格里画"√"或"×"。				
测评员：	记录时间： 年 月 日			

97

四、六级测评操作视频

六级测评操作视频